HEIKO GIETLHUBER

WANDERFÜHRER
VORDERER BAYERISCHER WALD

DIE 30 SCHÖNSTEN TOUREN ZWISCHEN
REGENSBURG, STRAUBING & CHAM

SüdOst Verlag

Bibliografische Information der Deutschen Nationalbibliothek

Die Deutsche Nationalbibliothek verzeichnet diese Publikation in der Deutschen Nationalbibliografie; detaillierte bibliografische Daten sind im Internet über http://dnb.dnb.de abrufbar.
ISBN 978-3-95587-787-3

Für den Wanderführer „Vorderer Bayerischer Wald" stehen Ihnen auf der Internetseite **(https://gps.battenberg-gietl.de/)** GPS-Daten zum kostenlosen Download bereit. Das dafür benötigte Passwort lautet: **A3Gb834q**. Alle Tracks wurden sorgfältig geplant und geprüft. Fehler und Abweichungen sind möglich, da sich evtl. Wege im Laufe der Zeit verändern können. GPS-Daten sind eine hervorragende Hilfe bei einer Wanderung, trotzdem sollte man sich immer sorgfältig vorbereiten und die eigene Orientierung sowie den Sachverstand nicht außer Acht lassen. Nie sollte man sich nur auf die GPS-Daten und das Gerät verlassen.

Für uns, die Battenberg Gietl Verlag GmbH mit all ihren Imprint-Verlagen, ist Nachhaltigkeit ein wichtiger Teil unserer Unternehmensphilosophie.
Daher achten wir bei allen unseren Produkten auf den Einsatz umweltschonender Ressourcen und Materialien. Dieses Buch wurde auf FSC®-zertifiziertem Papier gedruckt. FSC (Forest Stewardship Council®) ist eine nicht staatliche, gemeinnützige Organisation,
die sich für die verantwortungsvolle und ökologische Nutzung der Wälder unserer Erde einsetzt.

Unsere Partnerdruckerei kann zudem für den gesamten Herstellungsprozess nachfolgende Zertifikate vorweisen:
– Zertifizierung für FOGRA PSO
– Zertifizierungssystem FSC®
– Leitlinien zur klimaneutralen Produktion (Carbon Footprint)
– Zertifizierung EcoVadis (die Methodik besteht aus 21 Kriterien in den Bereichen Umwelt, Einhaltung menschlicher Rechte und Ethik)
– Zertifikat zum Energieverbrauch aus 100 % erneuerbaren Quellen
– Teilnahme am Projekt „Grünes Unternehmen" zum Schutz von Naturressourcen und der menschlichen Gesundheit

1. Auflage 2021
ISBN 978-3-95587-787-3
Alle Rechte vorbehalten
© 2021 SüdOst-Verlag in der Battenberg Gietl Verlag GmbH, Regenstauf
www.battenberg-gietl.de

INHALTSVERZEICHNIS

VORWORT 5
„ILE" VORDERER BAYERISCHER WALD 6
WANDERN IM VORDEREN BAYERISCHEN WALD 8
WINTERWANDERUNG 12
ZU IHRER SICHERHEIT – dies sollten Sie bei Ihrer Wandertour beachten! 14
ÜBERSICHTSKARTE WANDERUNGEN 16
Tour 01 ...... **Kürn-Runde** .... Gemeinde Bernhardswald 18
Tour 02 ...... **Zum Pfaffenstein** .... Gemeinde Wald 22
Tour 03 ...... **Burg Lobenstein** .... Gemeinde Zell 26
Tour 04 ...... **Große Kirnstein-Runde** .... Gemeinde Michelsneukirchen 30
Tour 05 ...... **Katzenbuckel-Runde** .... Gemeinde Wald 36
Tour 06 ...... **Hadriwa-Runde** .... Gemeinde Zell 40
Tour 07 ...... **Im Land der Hinkelsteine** .... Markt Falkenstein 44
Tour 08 ...... **Mühlen-Pallotti-7P-Rundweg** .... Gemeinde Michelsneukirchen 48
Tour 09 ...... **Zur Hundshaut** .... Gemeinde Michelsneukirchen 54
Tour 10 ...... **Ruinen-, Wald- und Felsenerlebnis** .... Gemeinde Wald 58
Tour 11 ...... **Zum Handelsberg** .... Markt Falkenstein 62
Tour 12 ...... **Schlosspark Falkenstein** .... Markt Falkenstein 66
Tour 13 ...... **Adlmannstein-Runde** .... Gemeinde Bernhardswald 72
Tour 14 ...... **Otterbachtal-Runde** .... Gemeinde Altenthann 76
Tour 15 ...... **„Höllen"-Runde** .... Gemeinde Brennberg 80
Tour 16 ...... **Burgruinen-Runde** .... Gemeinde Brennberg 88
Tour 17 ...... **Röhrenhof Mühlenwanderung** .... Gemeinde Brennberg 92
Tour 18 ...... **Tannerl-Rundweg** .... Gemeinde Rettenbach 96
Tour 19 ...... **Ebersroith, Am Ameisenbuckel** ...... Gemeinde Rettenbach 100
Tour 20 ...... **Bayerwald-Panorama-Wanderung** ..... Gemeinde Wiesenfelden 104
Tour 21 ...... **Zum Jagdhaus** .... Gemeinde Altenthann 108
Tour 22 ...... **Schutzengel-Runde** .... Gemeinde Brennberg 112
Tour 23 ...... **Jagawirt-Runde** .... Gemeinde Rettenbach 116
Tour 24 ...... **Büscherl-Runde** .... Gemeinde Wiesenfelden 120
Tour 25 ...... **Auf geht's zur Burgruine Heilsberg** ..... Gemeinde Wiesent 124
Tour 26 ...... **Weinbau-Donau-Runde** .... Gemeinde Wiesent 128
Tour 27 ...... **Kiefenholz-Runde** .... Stadt Wörth an der Donau 132
Tour 28 ...... **Schloss-Runde** .... Stadt Wörth an der Donau 136
Tour 29 ...... **Schiederhof-Runde** .... Gemeinde Wiesenfelden 140
Tour 30 ...... **Rund um Saulburg** .... Gemeinde Wiesenfelden 144
DIE GEMEINDEN 148
DIE EINKEHRMÖGLICHKEITEN 161

VORWORT

Wandern ist meine Leidenschaft. Gemeinsam mit meiner Frau und meinen drei Töchtern geht's am Wochenende raus in die Natur, wo herb-schöne Landschaften locken. Als Ausgleich zu meiner Arbeit in einem Ingenieurbüro sind die Bewegung und Erholung an der frischen Luft ideal geeignet. Und dabei kann ich mich noch meiner zweiten Leidenschaft, der Fotografie, widmen. Der Vordere Bayerische Wald bietet mir dafür unzählige Motive: gewaltige Felsformationen, ausgedehnte Wälder und murmelnde Wildbäche.

Aufgewachsen im Oberen Bayerischen Wald, ist mir die Gegend von Kindesbeinen an vertraut. Zuhause bin ich in der idyllisch gelegenen Gemeinde Michelsneukirchen, von wo aus ich gleich loswandern kann. Mein Herz hängt an der Landschaft und den Leuten, die sich für ihre Heimat engagieren. Und so ist der Titel an ein Zitat von Dr. Harald Schumny aus Falkenstein angelehnt, der die Gegend einmal mit folgenden Worten treffend charakterisierte: „Auf den ersten Blick sieht man den bewaldeten Bergrücken nicht an, dass der Vordere Bayerische Wald ‚steinreich' ist." Wie wahr! Reich an wunderschönen Orten und Landschaften ist die Gegend auf alle Fälle. An dieser Stelle möchte ich auch die besondere Rolle der Arbeitsgemeinschaft „ILE" Vorderer Bayerischer Wald hervorheben, die einen wichtigen Beitrag zur Entwicklung unserer Heimat leistet.

Dieser Wanderführer soll meine Begeisterung für die reizvolle Region mit ihrer reichhaltigen Geschichte sowohl an Touristen, die den Vorderen Bayerischen Wald besuchen, als auch an interessierte Einheimische weitertragen. Eine Sache ist mir während der Arbeit an diesem Wanderführer klar geworden: Es gibt unzählige Ecken zu entdecken, die selbst Alteingesessene wie mich noch überraschen können. Ob urig oder lauschig – die Gegend hat so vieles zu bieten, dass man nie müde wird, sich an ihr zu erfreuen.

Die dreißig Touren, die ich in diesem Buch vorstelle, sind auch für unerfahrene Wanderer und ideal für kurze Wanderungen im Vorderen Bayerischen Wald geeignet. Historisch interessierte Wanderer werden auf spannende Überreste aus alter Zeit treffen: Ruinen und Burgställe, die von ehemaligen Wehranlagen Zeugnis ablegen, finden sich ebenso am Wegrand wie keltische Kultplätze. Auch Familien oder Ausflugsfans, die nur kurz ein bisschen Vorwaldluft schnappen möchten, kommen hier voll auf ihre Kosten. Froschmaul, Schwammerlstein und Schweinskopf grüßen und begeistern Groß und Klein.

Im Vorderen Bayerischen Wald gibt es über 850 km ausgeschilderte Wanderwege. Mich lockt es fast bei jedem Wetter aus den eigenen vier Wänden, denn die Landschaft hat zu jeder Jahreszeit einen besonderen Reiz. Ohne Landkarte, meist aber mit meiner „Wandern-Outdooraktiv-App" und Fototasche ist es immer wieder ein kleines Abenteuer, auf das ich mich die ganze Woche über freue, denn „im Land des bewaldeten Bergrückens" geht einem in der wildromantischen Natur das Herz auf und die Seele tankt Kraft für den Alltag.

Ich wünsche meinen Leserinnen und Lesern viel Vergnügen beim Wandern und Entdecken der schönsten Ecken in der Region. Wandern ist nicht nur gesund, sondern macht auch glücklich!

Herzlichst
Heiko Gietlhuber

Die besondere Rolle der Arbeitsgemeinschaft Vorderer Bayerischer Wald möchte ich hier kurz hervorheben, die einen wichtigen Beitrag zur Entwicklung unserer Heimat leistet.

Bei der Arbeitsgemeinschaft handelt es sich um einen touristischen Zusammenschluss von elf Kommunen, die 2007 auf Initiative von Prof. Dr. Schumny den Verein „Arbeitsgemeinschaft Vorderer Bayerischer Wald e.V." gegründet haben. Die Mitglieder sind die Gemeinden Altenthann, Bernhardswald, Brennberg, Falkenstein, Michelsneukirchen, Rettenbach, Wald, Wiesenfelden, Wiesent, Wörth an der Donau und Zell, aber auch alle Heimat-, Tourismus- und Fremdenverkehrsvereine, sowie Betriebe und Privatpersonen.

Aus dieser Zusammenarbeit gründete sich 2019 die ILE Vorderer Bayerischer Wald. Die Abkürzung „ILE" steht für „Integrierte Ländliche Entwicklung". Dabei handelt es sich um einen freiwilligen Zusammenschluss von Gemeinden im ländlichen Raum, die mit der Unterstützung der Ämter für Ländliche Entwicklung daran arbeiten, aus ihrer Heimat eine zukunftsorientierte und lebenswerte Region zu gestalten.

Die Region Vorderer Bayerischer Wald weist viele Gemeinsamkeiten auf, die sowohl landschaftlicher als auch kultureller Natur sind. Ziel der Zusammenarbeit ist es, die Region in touristischer, kultureller, aber auch in wirtschaftlicher Hinsicht zu fördern und zu stärken. Ganz besonders wichtig ist die Bürgerbeteiligung. Wenn jemand eine Idee oder Anregungen hat, kann man diese bei der jeweiligen Gemeinde oder in der Geschäftsstelle Wörth an der Donau weitergeben.

ILE Vorderer Bayerischer Wald
Geschäftsstelle im Wörther Rathaus
Vorsitzende, Irmgard Sauerer, Bürgermeisterin von Brennberg
Lea Hildebrandt, Regionalmanagerin

Telefon: +49 9482 / 94 03 71
E-Mail: lea.hildebrandt@realrgb.de
Rathausplatz 1
93086 Wörth a. d. Donau
https://www.vorderer-bayerischer-wald.de

WANDERN IM VORDEREN BAYERISCHEN WALD

Der Vordere Bayerische Wald, auch als Tor zum Bayerischen Wald bezeichnet, liegt im Städtedreieck Regensburg, Straubing und Cham. Im Land des bewaldeten Bergrückens kommen alle auf ihre Kosten, es gibt über 850 km ausgeschilderte Wanderwege. Teilweise kommt es aber auch vor, dass Wege noch nicht beschriftet oder veraltet sind. Deshalb nehmen Sie am besten Ihr Handy mit GPS, aktuelle Wanderkarten oder Wanderführer mit auf Ihre Tour durch den Naturpark Oberer Bayerischer Wald.

Durch den Vorderen Bayerischen Wald führen folgende Fern- und Regionale Wanderwege:

- Der Naturpark Oberer Bayerischer Wald (Landkreis Cham) mit seinen Regionalen Wanderwegen: Die „Wilder Mann"-Wanderwege des Naturparks Oberer Bayerischer Wald zeichnen sich durch ein gut markiertes Wegenetz aus. Mittlerweile gibt es vereinzelt schon die neuen Wanderweg-Kennzeichen. Die Ortschaften Falkenstein, Michelsneukirchen, Rettenbach, Wald und Zell sind durch ein gut ausgebautes Wanderwegenetz verbunden. Die Grundmarkierung dieser neuen Wanderwege ist einheitlich weiß/rot. Der Buchstabe weist auf den Ausgangsort des Rundwanderweges hin; z. B. Fa für Falkenstein oder Mn für Michelsneukirchen. Die Nummer ist fast identisch mit den alten Wilder-Mann-Nummern. Ein Beispiel zur Pfaffenstein Runde (alte Markierung: Wilder Mann 153 / neue Markierung Wd03).

- Waldverein Regensburg „Wandergebiet Ost": Diese Rundwanderungen vom Waldverein Regensburg sind Kombinationen aus Teil- oder Komplettstrecken mit markierten Wanderwegen. Der Waldverein Regensburg e.V. verwendet zur Markierung der Wanderwege Farbzeichen in den Farben Blau, Grün und Rot, jeweils in einem weißen Feld. Zu dem Gebiet Ost (O) gehören die Gemeinden Altenthann, Bernhardswald, Brennberg, Falkenstein, Michelsneukirchen, Rettenbach, Wald, Wiesenfelden, Wiesent, Wörth an der Donau und Zell.

- **Burgensteige:** Keine andere Region in Deutschland besitzt eine solche Fülle an Burgen wie die Oberpfalz. Mehr als 80 Festungen zierten einst die stillen Flusstäler und weiten Hügel rund um Regensburg. Viele von ihnen sind heute längst verschwunden, manche aber blieben ganz oder teilweise erhalten. Als wertvolle Zeitzeugen gewähren sie Einblick in eine lange und bewegte Vergangenheit. Im Vorwald gibt es den Regensburger, den Falkensteiner und den Brennberger Burgensteig, die mit Hilfe des Rittersymbols zu verschiedenen Burgruinen führen.

- **Naturpark Bayerischer Wald mit der Gemeinde Wiesenfelden:** Für Gäste und Einheimische stehen im Naturpark Bayerischer Wald, Regierungsbezirk Niederbayern, viele markierte Wanderwege und ein weit verzweigtes Wanderwegenetz zur Verfügung. Die Systematik der Wegmarkierung im Regierungsbezirk Niederbayern ist folgende: Die Beschilderung von örtlichen Wanderwegen erfolgt im Gebiet des Naturparks Bayerischer Wald stets mit grünen Schildern und weißer Schrift. Die Markierungszeichen unterscheiden sich zwischen Zielwanderwegen und Rundwanderwegen. Die Zielwanderwege werden gekennzeichnet mit grünen rechteckigen Ziffernsymbolen und weißer Schrift. Diese führen stets auf ein Ziel hin, z. B. Berggipfel oder See. Die Rundwanderwege sind mit roten runden Symbolen und weißer Schrift markiert. Auf diesen Wegen gelangen Sie stets wieder zum Ausgangspunkt zurück.

- **Goldsteig Südroute:** Der Goldsteig verspricht Wandervergnügen pur. Mit 660 km ist er der längste und vielseitigste unter Deutschlands Qualitätswegen. Der Goldsteig taucht ein in die faszinierenden Mittelgebirgslandschaften von Oberpfälzer Wald und Bayerischer Wald. Wer sich für den Top Trail of Germany entscheidet, kann zwischen zwei Varianten wählen. Die Südroute führt durch die schöne Landschaft des Vorderen Bayerischen Waldes. Mit Zubringerwegen & Querverbindungen erwartet Sie ein 2.000 km langes internationales Wanderwegenetz mit vielen Grenzübergängen! Die Südroute mit der Goldsteig-Etappe S11: Walderbach – Falkenstein und der Goldsteig-Etappe S12: Falkenstein – Wiesenfelden verläuft über die Höhenzüge des Vorderen Bayerischen Waldes und endet in Passau.

- **Oberpfalzweg:** Der Oberpfalzweg führt von Nord nach Süd durch die Oberpfalz und erschließt landschaftliche Höhepunkte und geschichtlich bedeutsame Orte. Ausgangspunkt in Tirschenreuth ist die „Kappl". Die der Hl. Dreifaltigkeit geweihte Kirche wurde zwischen 1685 und 1689 von Baumeister Georg Dientzenhofer erbaut. Mit ihrem kleeblattförmigen Grundriss ist sie ein einmaliges Werk des europäischen Barocks. Über Tirschenreuth folgt der Oberpfalzweg mit insgesamt 229 km vorbei an Zell – Falkenstein – Brennberg – Frauenzell – Wörth an der Donau nach Regensburg.

- **Europäischer Fernwanderweg E8:** Der Europäische Fernwanderweg E8 von der Nordsee über Rhein, Main und Donau in die Karpaten verläuft in einem Abschnitt durch den Vorderen Bayerischen Wald. Er führt von Regensburg entlang des „Donaukammes" über Wiesent, Wörth an der Donau nach Wiesenfelden. Später stößt er in das wildromantische Ilztal, dem er bis Passau folgt.

- **Ostbayerischer Jakobsweg:** Der ostbayerische Jakobsweg bildet eine wichtige Verbindung von Ost nach West, um dem Ziel Santiago de Compostela näher zu kommen. Rund 466 Kilometer ist dieser Pilgerweg in Deutschland lang. Der ostbayerische Jakobsweg liegt geographisch gesehen genau auf der Luftlinie Prag – Regensburg – Augsburg – Bodensee. Er durchquert den Vorderen Bayerischen Wald und erreicht die Donau bei Regensburg, einem der bedeutendsten religiösen, politischen und wirtschaftlichen Zentren des Mittelalters mit einem der ersten sicheren Donauübergänge in Gestalt, der im 12. Jahrhundert errichteten Steinernen Brücke.

WINTERWANDERUNG

Der Schnee knirscht, die Eiskristalle funkeln und wir finden Spuren im Schnee.
Der Winter im Vorderen Bayerischen Wald ist wunderschön und bietet fast unzählige Möglichkeiten aktiv zu sein. Egal ob auf dem Eis oder in der tiefverschneiten Natur beim Schneeschuhwandern. Die traumhafte Winterlandschaft lädt uns ein zu ausgiebigen Winterspaziergängen auf gut ausgeschilderten und geräumten Wanderwegen. Nach der Winterwanderung wartet ein duftender Glühwein und wir gönnen uns eine schmackhafte Brotzeit als Stärkung.

ZU IHRER SICHERHEIT!
DIES SOLLTEN SIE BEI IHRER
WANDERTOUR BEACHTEN!

Je abenteuerlicher der geplante Routenverlauf ist, umso wichtiger ist es, dementsprechende Sicherheitsmaßnahmen zu treffen. Eine Wanderung im Gebirge oder im Wald ist kein Spaziergang im Park – ohne gute Vorbereitung kann es hier schnell brenzlig werden. Ein zu langer oder zu anstrengender Weg, zu wenig Verpflegung oder falsche Schuhe, all das kann besonders beim Wandern mit Kindern zu ungeahnten Problemen führen und euer Urlaubsvorhaben zu einem Desaster machen. Das lässt sich vermeiden – mit ein paar einfachen Vorkehrungen!

Wandern ist Ausdauersport. Die Belastung für Herz und Kreislauf setzt Gesundheit und eine realistische Selbsteinschätzung voraus. Vermeiden Sie Zeitdruck und wählen Sie das Tempo so, dass niemand außer Atem kommt. Planen Sie im Vorfeld mit Ihrer Wanderkarte, Ihrem Wanderführer oder im Internet. Stürze als Folge von Ausrutschen oder Stolpern sind die häufigste Unfallursache! Beachten Sie, dass zu hohes Tempo oder Müdigkeit Ihre Trittsicherheit und Konzentration stark beeinträchtigen. Rechtzeitige Rast dient der Erholung, dem Genuss der Landschaft und der Geselligkeit. Essen und Trinken sind notwendig, um Leistungsfähigkeit und Konzentration zu erhalten. Isotonische Getränke sind ideale Durstlöscher. Müsliriegel, Trockenobst und Kekse stillen den Hunger unterwegs.

Wanderführer informieren Sie über Länge, Höhendifferenz und Schwierigkeit. Achten Sie besonders auf den Wetterbericht, da Regen, Wind und Kälte das Unfallrisiko erhöhen. Regen und Wind, aber auch große Hitze sind kein gutes Wetter für Wanderungen. Bereiten Sie sich durch entsprechende Kleidung darauf vor, planen Sie Ihre Route auch immer so, dass Sie eine Wanderung notfalls abkürzen oder abbrechen können, wenn das Wetter gar nicht mehr mitspielt.

Passen Sie Ihre Ausrüstungen der Unternehmung an und achten Sie auf ein geringes Rucksackgewicht. Regen-, Kälte- und Sonnenschutz gehören immer in den Rucksack, ebenso Erste-Hilfe-Paket und Mobiltelefon (Euro-Notruf 112). Karte oder GPS unterstützen die Orientierung. Im weglosen Gelände steigt das Risiko für Orientierungsverlust. Vermeiden Sie Abkürzungen und kehren Sie zum letzten bekannten Punkt zurück, wenn Sie einmal vom Weg abgekommen sind.

Gute Wanderschuhe schützen und entlasten den Fuß und verbessern die Trittsicherheit! Achten Sie bei Ihrer Wahl auf perfekte Passform, rutschfeste Profilsohle, Wasserdichtigkeit und geringes Gewicht. Teure Funktionskleidung muss nicht sein, aber ein paar Gedanken sollten Sie Ihrem Outfit durchaus widmen. Die richtige Kleidung spart Ihnen nicht nur einiges an Gepäck, weil Sie sich nicht dauernd umziehen und für jede Situation das passende Teil mitschleppen müssen. Wer weder schwitzt noch friert, hält auch länger durch und hat mehr Spaß am Wandern – und den sollen Ihre Kinder ja auch haben.

Das hinreichend bekannte Zwiebelsystem wird immer noch von vielen Gelegenheitswanderern ignoriert. Dabei ist es so clever: Eine wasser- und winddichte Außenhülle schützt euch vor den Elementen, wenn es mal regnet oder kühler ist als gedacht. Am Anfang der Wanderung hält sie so lange warm, bis die Muskeln hinreichend „eingelaufen" sind. Als Zwischenschicht hält Wolle oder Fleece warm, transportiert aber gleichzeitig die Feuchtigkeit des Körpers nach außen, so dass man nicht ins Schwitzen kommt. Ganz untendrunter empfiehlt sich eine Unterwäsche aus dünner Wolle oder Funktionsgewebe, die ebenfalls die Körperfeuchtigkeit aufnimmt und ableitet. Dazu gehören die richtigen Accessoires: Einen Sonnenhut oder ein wärmendes Kopf-Halstuch sollten alle Wanderer dabeihaben, auch eine Sonnenbrille ist unverzichtbar.

Zum Schutz der Natur: Keine Abfälle zurücklassen, Lärm vermeiden, auf den Wegen bleiben, Wild- und Weidetiere nicht beunruhigen, Pflanzen unberührt lassen und Schutzgebiete respektieren!

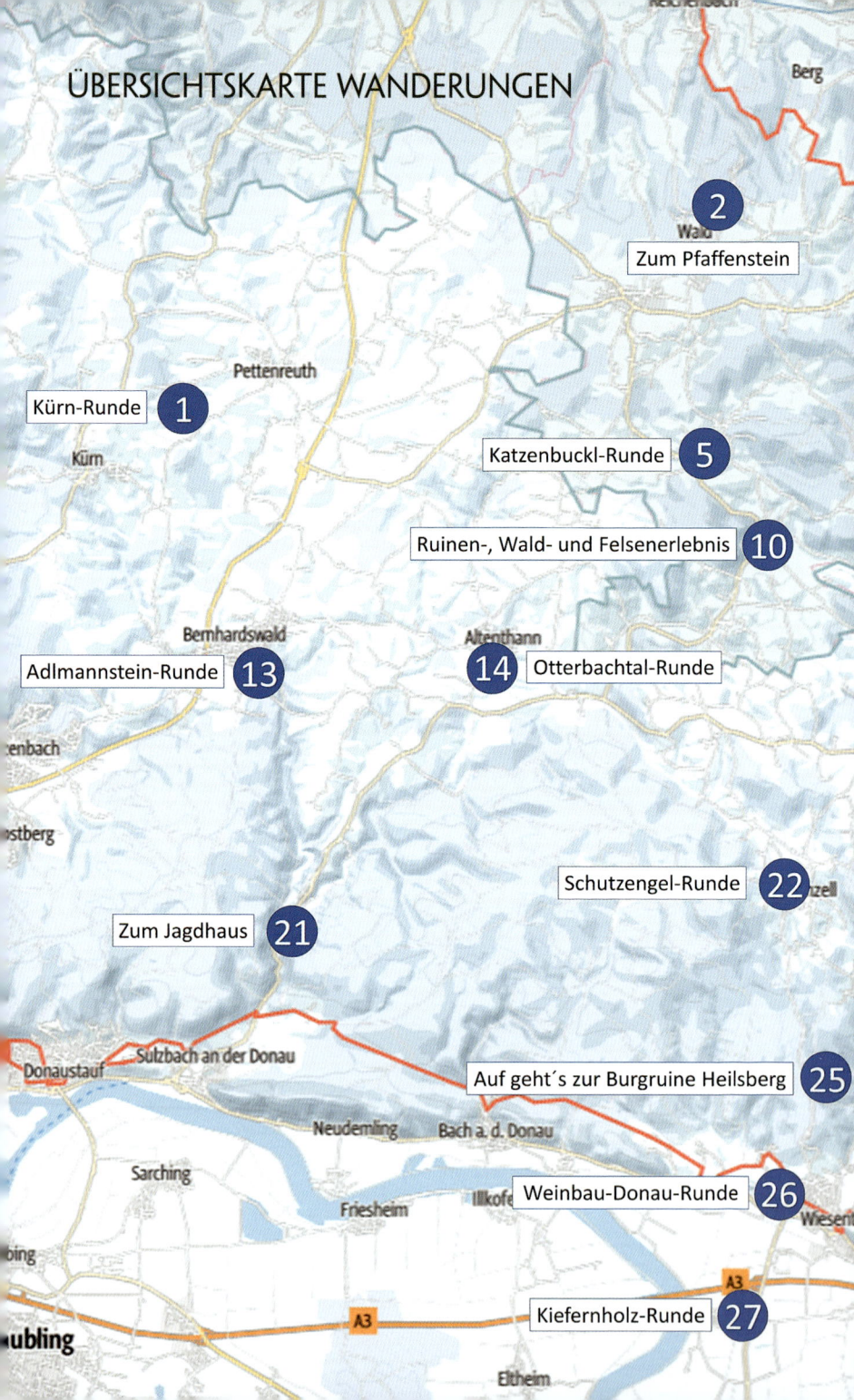

Tour 1 – **Kürn-Runde**
Gemeinde Bernhardswald

Das Schloss Kürn

WEGBESCHREIBUNG:
Leonhardskirche – Hoher Stein – Schloss Kürn – Schlossberg – Wanderweg „026" – Erlbach – Leonhardskirche

PARKEN:
Leonhardskirche bei Pettenreuth

GOOGLE MAPS – PLUS CODES ORT:
46FR+VV Bernhardswald

Wir starten in der Gemeinde Bernhardswald (Landkreis Regensburg) an der Leonhardskirche. Eine tolle Tour mit malerischer Hügellandschaft und ein schönes Schloss stehen im Mittelpunkt dieser Wanderung. Wir wandern von der Leonhardskirche über den Hohen Stein (577 m) zum Schloss Kürn mit Schlossberg, nach Erlbach, vorbei an Hauzendorf und Pettenreuth und zurück zur Leonhardskirche.

Wir parken an der Leonhardskirche, vor der zwei bis drei Autos Platz finden, und starten auf dem Naturweg Richtung Seibersdorf. Hier kommen wir bald an eine Kreuzung und zweigen rechts wieder auf den Naturweg Richtung Kürn ab. In Kürn angekommen, gehen wir über den Hohen Stein. Beim Gasthof zur Post lässt sich bei Föhn eine Aussicht bis in die Alpen genießen. Weiter geht's zum Schlossberg und zum Schloss Kürn.

Am Schlossberg treffen Sie auf gigantische Felsformationen. Das Schloss Kürn war, wie die meisten Schlösser in der Umgebung, ursprünglich eine Burg. 1197 wurde Kürn erstmals erwähnt. 1830 wurde das Schloss an den Grafen von Waldersdorff verkauft. Das Schloss ist heute noch im Familienbesitz.

In der Römerstraße befindet sich die katholische Loretokirche „Mariä Heimsuchung", die Sie besuchen können.

Entlang der Blumenstraße gehen Sie abwärts durchs Dorf und biegen links in die Finkenbergstraße und anschließend rechts in einen Feldweg ein. Diesem Naturweg folgen wir mit „O26"-Markierung mit Rechteck blau vom Waldverein Regensburg.

Leonhardskirche

Naturweg Richtung Seibersdorf

Am Hohen Stein

Der schöne Wanderweg (O26) von Kürn in Richtung alten Bahngleis

Am alten Bahngleis

Der Weg zurück zur Leonhardkirche

Abkürzen können Sie die Wanderung auf der Strecke „O26"-Markierung, indem Sie über die Orte Weg – Apprant – Gerstenhof zur Leonhardskirche gelangen.

Am alten Bahngleis (Falkenstein-Regensburg) angekommen, geht es links nach Erlbach. In Erlbach biegen wir links auf einen Naturweg ab und kommen nach ca. 1 km zur Leonhardskirche zurück.

Falls Sie noch Kraft haben und weiterwandern wollen, empfehle ich am Bahngleis 1,5 km weiterzugehen und beim Schlossgut Hauzendorf vorbeizuschauen. Das Schlossgut Hauzendorf, ist eine ehemalige Kleinburg mit schlichtem Wohngebäude in einer quadratischen, zweigeschossigen Vierflügelanlage. Die Kapelle besitzt eine für Burgkapellen typische Westempore.

Über die Hauptstraße geht es nach Pettenreuth und am neuen Friedhof vorbei. Hier kommen Sie wieder zur Leonhardskirche. Sehenswert ist die im Jahre 1738 barockisierte gotische Pfarrkirche Mariä Himmelfahrt. Pettenreuth wurde 1285 erstmals urkundlich erwähnt.

TOUR:

Schwierigkeit: mittel
Strecke: 10,1 km
Dauer: 3:00 h
Aufstieg / Abstieg: 224 hm

ABKÜRZUNG:

Strecke: 8,1 km
Dauer: 2:15 h
Aufstieg / Abstieg: 169 hm

VERLÄNGERUNG:

Strecke: 12,7 km
Dauer: 3:30 h
Aufstieg / Abstieg: 226 hm

WEGPUNKTE:

1. Leonhardskirche
2. Hoher Stein (577 m)
3. Schlossberg und Schloss Kürn und Gasthof zur Post
4. Abkürzen können Sie die Wanderung auf der Hälfte der Strecke, indem Sie über die Ortsteile Weg – Apprant – Gerstenhof zur Leonhardskirche gehen.
5. Hier geht es Richtung Leonhardskirche, oder wir verlängern die Strecke über Hauzendorf und Pettenreuth.
6. Schlossgut Hauzendorf

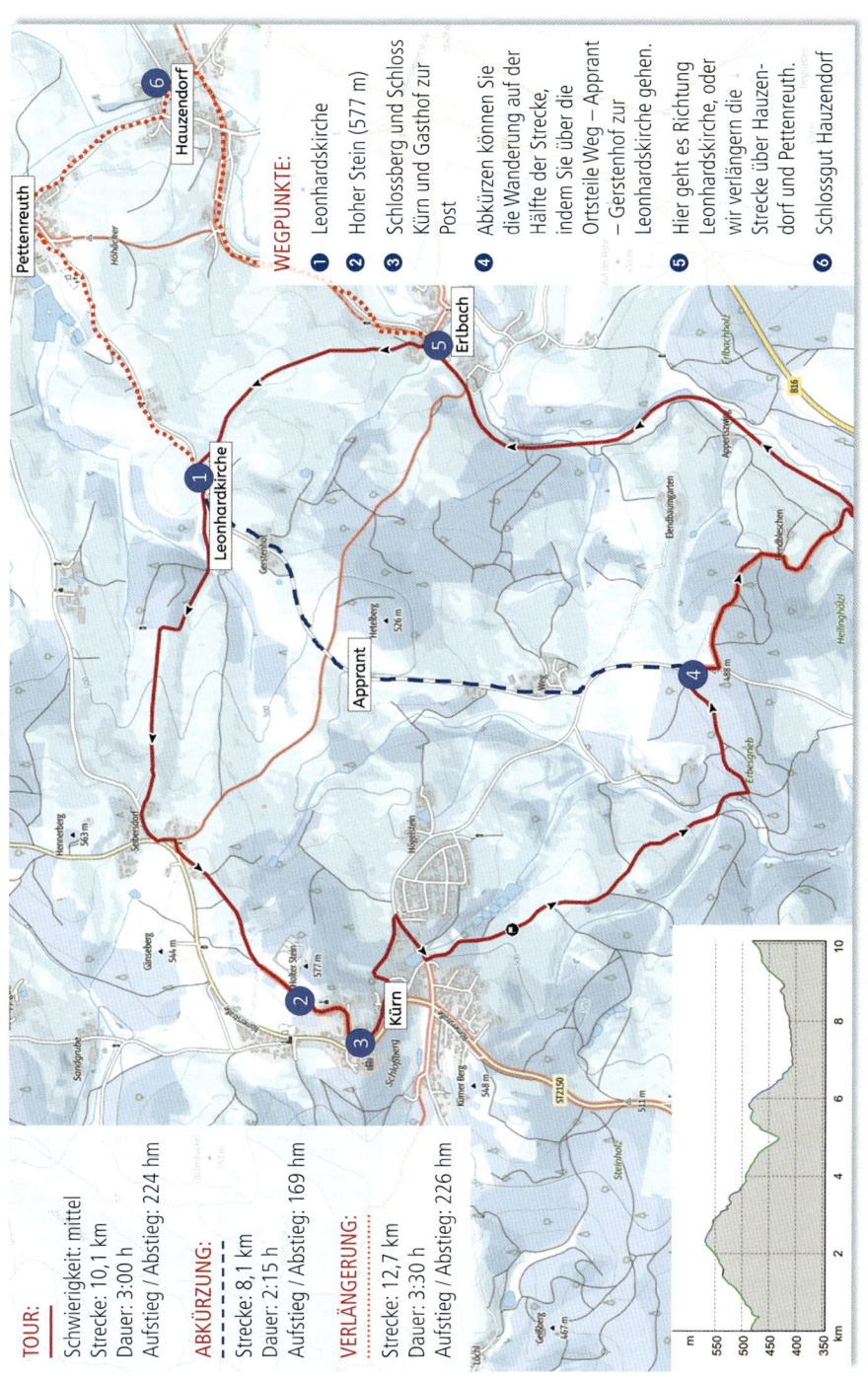

Tour 2 – Zum Pfaffenstein
Gemeinde Wald

Am Pfaffenstein

WEGBESCHREIBUNG:
Kolmberg Parkplatz – Schnappihöhle – Pfaffenstein – Bäckenhänge – Wilder Mann – Kolmberg

PARKEN:
Parkplatz am Hochgart; 93192 Wald / Kolmberg

GOOGLE MAPS – PLUS CODES ORT:
5954+HP Wald

Interessante Wanderung in einem schönen Waldgebiet. Auf dem Weg liegen viele Felsformationen mit interessanten Namen wie zum Beispiel Schnappihöhle oder Haifisch! Highlight ist das Naturdenkmal Pfaffenstein und die Felsformation Wilder Mann.

kleines Bild:
Wanderweg Nr.: Wilder Man 153 oder „Wd03" / Goldsteigweg „S11" / Waldverein Regensburg „grün – O36"

großes Bild:
Am Pfaffenstein

Vom Parkplatz in Kolmberg gehen wir mit dem Wanderweg 153 auf ein asphaltiertes Sträßchen rechts vom Parkplatz hinab. Unterhalb der Siedlung geht es in den Wald. Hier kurz rechts über den Bach, dann links steil den Hang hinauf zu einer felsigen Kuppe.

Entlang am schönen und gut beschilderten Wanderweg wandern wir über Steine oder Wurzeln und bald erkennen wir den Schnappistein, der sein Maul aufsperrt.

Am Marienplatz

Durch die Schnappihöhle gelangen wir wieder zum Wanderweg. Die nächste Etappe geht Richtung Naturdenkmal Pfaffenstein. Es geht an silbrig glänzenden Granitfelsen und Tannen vorbei.

Angekommen breiten sich gigantische Felsen zur rechten Seite aus. Eigenartig, welche komplexen und beeindruckenden Formen und Größen die Natur kreiert. Der Pfaffenstein ist eine einzigartige Felsformation auf einer Waldlichtung, bestehend aus übereinanderliegenden riesigen Felsblöcken, auf denen sich eine große „Steinkugel" mit Gipfelkreuz befindet.

Weiter geht's am Goldsteigweg S11 und wir kommen schon bald zu den Bäckenhängen, ein schmaler Weg mit steilem Abgrund, so könnte man es kurz beschreiben.

Bald sind wir an der tiefsten Stelle unserer Rundtour, hier wenden wir um 180°. Ab jetzt geht es immer leicht bergauf und wir kommen noch am Marienplatz vorbei.

Nach ungefähr 2 km kommen wir zur Felsformation Wilder Mann. Der „Wilde Mann" ist eine 20 m hohe Felsenwand aus übereinandergeschichteten Felsen. Wer ihn genauer ansieht, kann den Wilden Mann sehen.

Am Wilden Mann vorbei geht's zur Siedlung Kolmberg und zum Parkplatz.

Am Wilden Mann

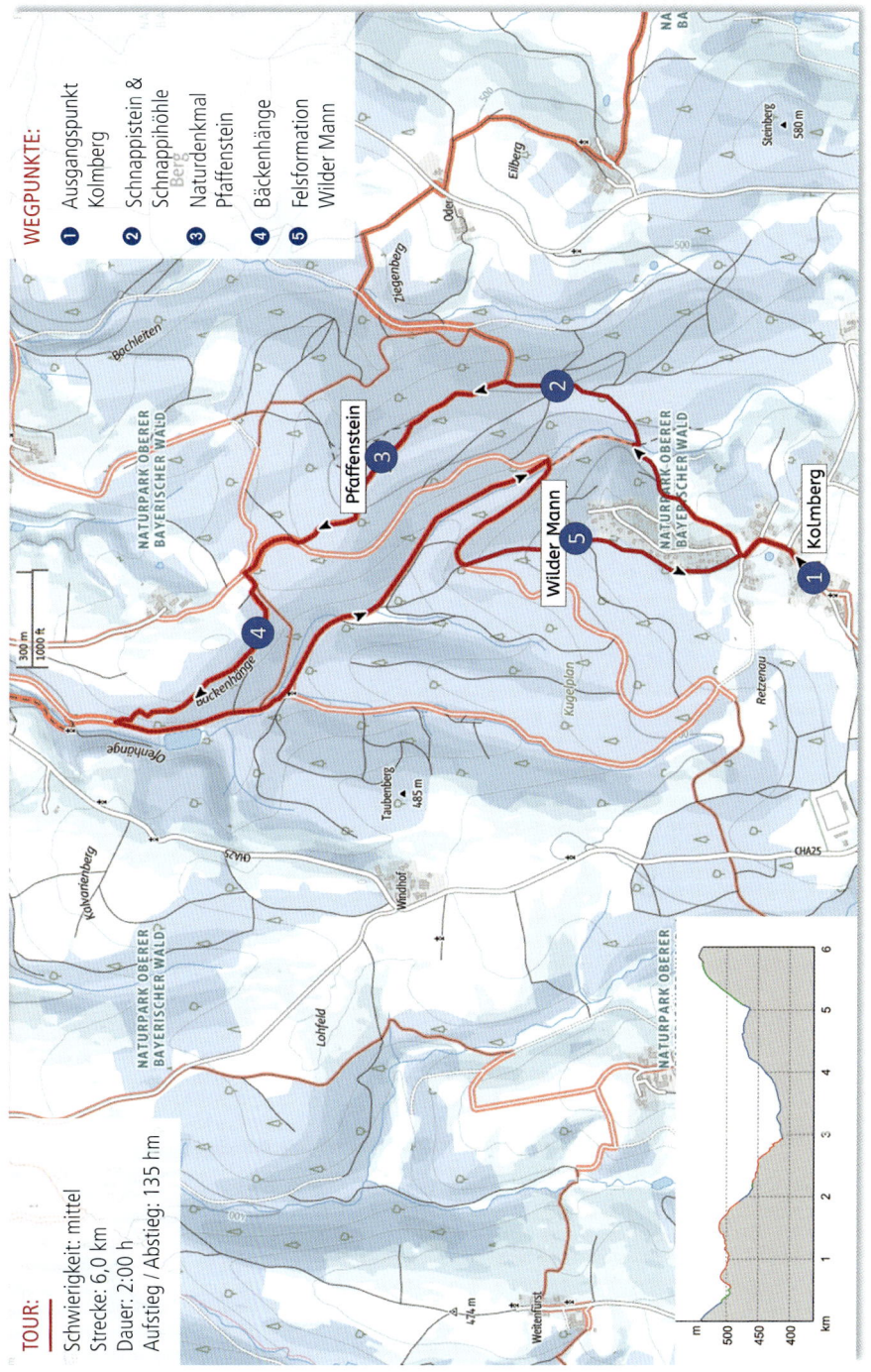

WEGPUNKTE:

1. Ausgangspunkt Kolmberg
2. Schnappistein & Schnappihöhle
3. Naturdenkmal Pfaffenstein
4. Bäckenhänge
5. Felsformation Wilder Mann

TOUR:

Schwierigkeit: mittel
Strecke: 6,0 km
Dauer: 2:00 h
Aufstieg / Abstieg: 135 hm

Tour 3 – **Burg Lobenstein**
Gemeinde Zell

Blick von der Burgruine Lobenstein auf Zell

WEGBESCHREIBUNG:
Kirche Maria Himmelfahrt – Hetzenbach – Alletswind – Krottenthal – Helfenstein – Burgruine Lobenstein – Schlossbrauerei Schwarzfischer – Kirche Maria Himmelfahrt

PARKEN:
Kirche Maria Himmelfahrt, Frühlingsstraße 7–11, 93199 Zell

Auf unserer Runde im Naturpark Oberer Bayerischer Wald gehen wir am Prädikatswanderweg Goldsteig sowie an der Burgruine Lobenstein aus dem 12. Jahrhundert und an der Schlossbrauerei Schwarzfischer vorbei, in deren Nähe wir auch gestartet sind.

In Zell steht die Kirche Maria Himmelfahrt, im Stil der Neugotik. Von hier aus beginnen wir unsere Wanderung. Wir lenken die Schritte links in Richtung Süden und kommen zur Bürgermeister-Hecht-Straße. Dort biegen wir gleich noch mal links ab in Richtung Grubhöfl. Nach ca. 300 Metern biegen wir rechts ab und gehen bergauf zur Einöde Köstl und am Wald vorbei. Es geht weiter zur Hetzenbacher Höhe.

Den Reiz der Idylle hat man wohl erkannt, denn neben einem Landgasthof mit Biergarten gibt es auch einen Reisemobilstellplatz. Dazu gesellen sich die Wallfahrtskirche St. Leonhard von 1764 mit Zwiebelhaube sowie ein kleiner Weiher bei der Feuerwehr. Unsere Runde führt uns allerdings nicht direkt an dem kleinen Örtchen und an der Hetzenbacher Höhe vorbei. Wir kreuzen die Regensburger Straße und wandern weiter durch eine abwechslungsreiche Landschaft. Der Weg führt uns durch Alletswind, Krottenthal und anschließend auf den Goldsteig-Wanderweg.

In Alletswind können wir auch eine Abkürzung nehmen, um gleich zur Burgruine Lobenstein zu gelangen.

Wir gehen weiter nach Krottenthal. Nach einem kleinen Weiher biegen wir hier rechts ab Richtung Burgruine Lobenstein. Wald und offene Flur wechseln sich ab. Am Helfenstein angekommen, haben wir es fast bis zur Burg geschafft.

oben:
Hetzenbach

unten:
Am Helfenstein

ANFAHRT:

Zell liegt zwischen den Ortschaften Wald und Falkenstein auf den Staatsstraßen St2650 und St2148, auf die Sie von der B16 (Roßbach) oder der B85 (Roding) auffahren können.

links oben:
Eine tolle
Wegbeschreibung
nähe Burg
Lobenstein

rechts oben:
Am Helfenstein

unten:
Eindrücke von
der Burgruine
Lobenstein

Der Helfenstein ist eine beeindruckende Felsformation, man kann fast überall zwischen den Felsen durchgehen oder sie umrunden, nur das Besteigen ist nicht erwünscht. Nach altem Brauch wünscht man sich beim Durchschlüpfen zwischen den Steinen Gutes. Der Steinschale auf dem Kopf von einem der Giganten schreibt man magische Kräfte zu.

Die Burgruine Lobenstein zeigt sich mit Überresten des mittelalterlichen Bergfrieds auf dem Zeller Schlossberg auf rund 565 m. Im Süden fällt der Berg steil zum Perlbachtal hin ab. Der Bergfried hat rund 18 m Höhe und bietet eine herrliche Aussicht auf den Bayerischen Wald.

Über den Burgweg geht's hinab zur Ortschaft Zell mit anschließender Einkehr in der Schlossbrauerei Schwarzfischer.

Die Schlossbrauerei Schwarzfischer ist das sogenannte neue Schloss von Zell und hat einen kleinen Treppenturm aus dem 18. Jh., im Kern ist es allerdings schon älter. Seit 1825 besteht hier die hauseigene Brauerei und produziert Helles, Pils und Export.

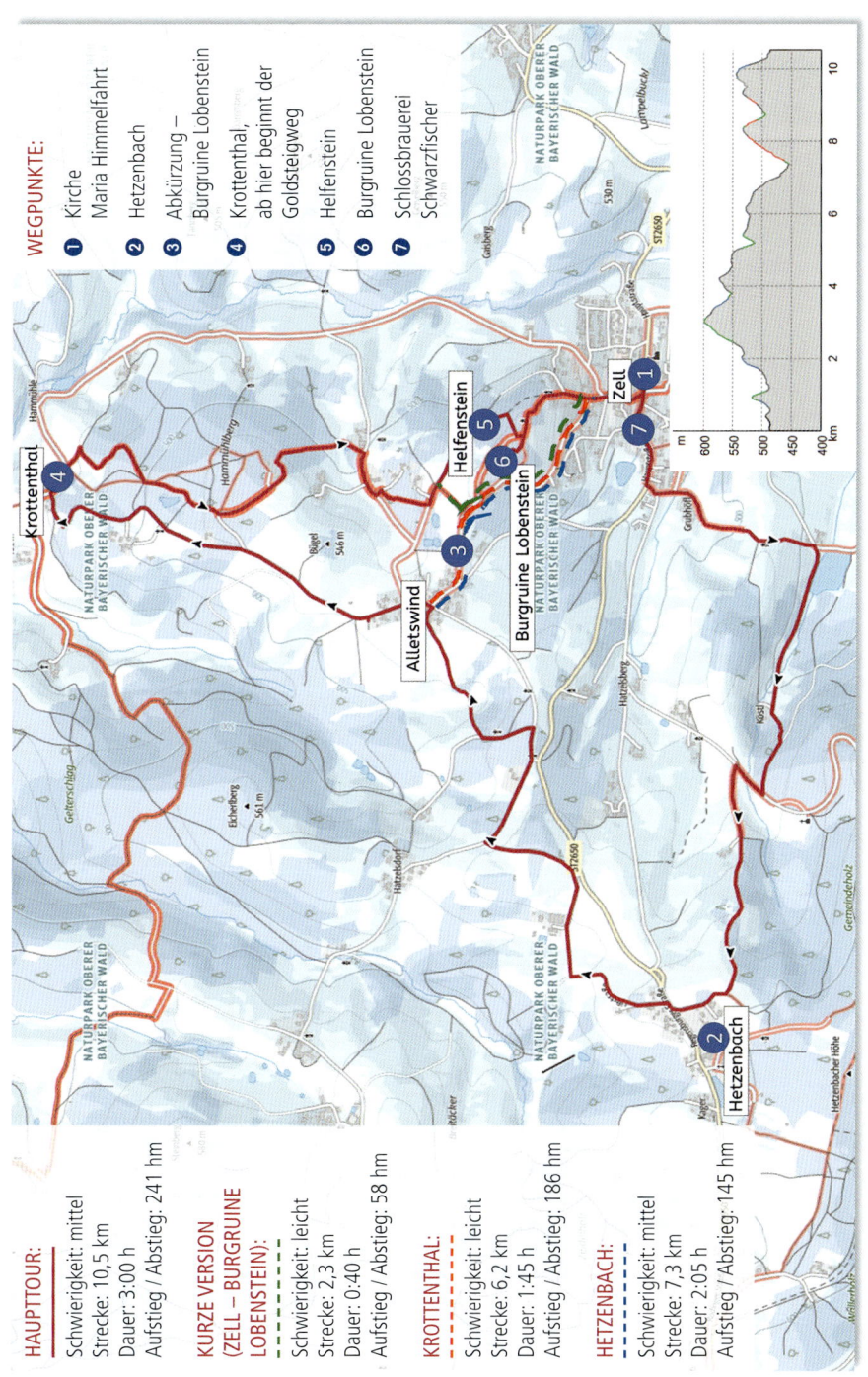

WEGPUNKTE:

1. Kirche Maria Himmelfahrt
2. Hetzenbach
3. Abkürzung – Burgruine Lobenstein
4. Krottenthal, ab hier beginnt der Goldsteigweg
5. Helfenstein
6. Burgruine Lobenstein
7. Schlossbrauerei Schwarzfischer

HAUPTTOUR:
Schwierigkeit: mittel
Strecke: 10,5 km
Dauer: 3:00 h
Aufstieg / Abstieg: 241 hm

KURZE VERSION (ZELL – BURGRUINE LOBENSTEIN):
Schwierigkeit: leicht
Strecke: 2,3 km
Dauer: 0:40 h
Aufstieg / Abstieg: 58 hm

KROTTENTHAL:
Schwierigkeit: leicht
Strecke: 6,2 km
Dauer: 1:45 h
Aufstieg / Abstieg: 186 hm

HETZENBACH:
Schwierigkeit: mittel
Strecke: 7,3 km
Dauer: 2:05 h
Aufstieg / Abstieg: 145 hm

Tour 4 – Große Kirnstein-Runde
Gemeinde Michelsneukirchen

Am Schwammerlstein im Kirnsteiner Wald

WEGBESCHREIBUNG:
Kirche St. Ägidius in Dörfling – Erdstall Eidengrub – keltischer Opferstein – Grotte – Große Amselkirche – Kirnsteinhöhe – Naturdenkmal Schwammerlstein – Kleine Amselkirche

Die Wanderschuhe schnüren und voller Vorfreude loswandern. Wir beginnen diese Wanderung bei der Übersichtstafel in der Dorfmitte von Dörfling, Gemeinde Michelsneukirchen. Wir gehen auf den Wanderwegen Wilder Mann 92, 93 und 95 (Mn2, Mn3 und Mn5). Auf unserer Wanderung erblicken wir die Kirche St. Ägidius in Dörfling, den Erdstall Eidengrub, den keltischen Opferstein, eine Grotte, die Felsformation Große Amselkirche, das Naturdenkmal Schwammerlstein und die Kleine Amselkirche.

Zunächst geht es Richtung Eidengrub (Wilder Mann 92) leicht bergab und am ehemaligen Sportplatz vorbei, dann am Bauernkreuz vorbei. Weiter geht's rechts zum Bach hinunter. Auf der Straße wandern wir links und sehen beim Hof Eidengrub das Kerscher-Hofkreuz. Unter einer Scheune dieses Bauernhofs befindet sich ein Erdstall. Dabei handelt es sich um Höhlen, die auch als „Schrazllöcher" bezeichnet werden. In diesem Fall erstrecken sich die Höhlen über etwa 12 m mit Höhen zwischen 0,9 und 1,2 m. Schrazln sind, so wird berichtet, dem Menschen wohlgesonnene Zwerge.

Nun geht es weiter mit leichtem Anstieg an Eidengrub vorbei in Richtung Wolletsthal. Am Waldrand wendet sich der Weg nach links. Nach knapp 200 m lohnt es sich, den Weg zu verlassen, rechts in den Wald zu steigen und ein Naturdenkmal anzuschauen, einen wahrscheinlich keltischen Opferstein, der sechs Meter hoch ist.

Mit einem weiteren leichten Anstieg geht es dann zu einem weiteren Hof von Eidengrub, den wir auf der rechten Seite sehen. Der Weg geht geradeaus weiter als Naturweg durch den Wald und am Kastberg entlang. Etwas oberhalb von Hutting biegen wir links ab und folgen dem Weg bis

oben:
Am ehemaligen Sportplatz, Bauernkreuz. Im Hintergrund die Kirnsteiner Höhe

links:
Am Kirnstein

rechts:
Kerscher-Hofkreuz, Eidengrub

links oben:
Der Weg zur Grotte im Kirsteiner Wald

rechts oben:
Am Naturdenkmal Eidengrub

links unten:
Am Wanderweg (93) von Premsthal in den Kirnsteiner Wald

rechts unten:
Die Grotte

Premsthal. Es geht nun links in den Wald hinein (Wilder Mann 93) und an einer Gabelung wieder nach links bis zum Wegweiser „Zur Grotte". Hier geht es dann leicht bergab zur Grotte (Wilder Mann 95), wo Sitzbänke zu einer besinnlichen Rast einladen. Die Grotte bei Dörfling ist ein Felsenüberhang, unter dem eine Marienstatue aufgestellt ist. Zu regelmäßigen Anlässen wie Christi Himmelfahrt oder Maiandachten pilgern Gläubige aus der Umgebung zu dieser Stelle.

Anschließend gehen wir die Stufen hinab bis zum Waldrand, wo eine Bank neben dem Missionskreuz mit einem schönen Blick auf Dörfling zum Innehalten auffordert.

Hier geht es rechts vorbei, nach etwa 10 m erneut rechts bergan auf die Kirnsteinhöhe. Hier sind mehrere große Felsengruppen (Große Amselkirche und Kirnstein) zu bestaunen, bis nach einer Ruhebank ein nicht zu übersehendes Schild zum Schwammerlstein weist. Der Schwammerlstein ist eine natürliche Felsenformation in der Gemeinde Michelsneukirchen. Es handelt sich dabei um zwei übereinanderliegende Steine (6 m hoch), die aussehen wie ein riesiger Pilz, auf Bayerisch: „Schwammerl".

Nach dieser Exkursion geht es noch kurz vorbei an der kleinen Amselkirche bis zur Forststraße. Hier biegen wir diesmal links auf den Wilden Mann 93 ab. Wir gehen weiter bis zum Waldrand und hinunter nach Elend. Dann ein Stück an der Straße entlang und wieder links zum Wald und schließlich hinunter nach Dörfling.

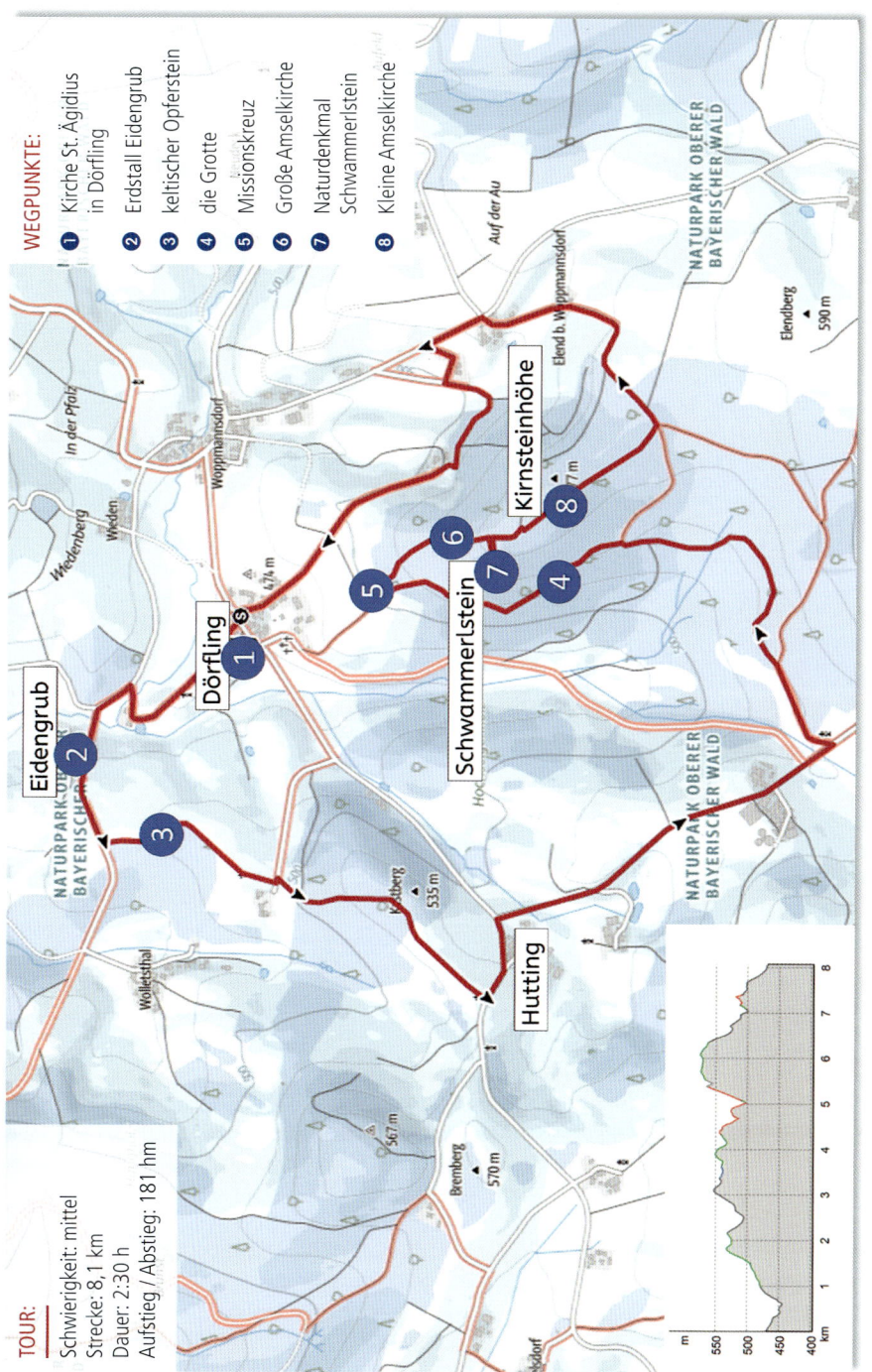

links:
Ein Lächeln vom Schwammerlstein, die andere Perspektive …

oben:
Der Ausblick auf Dörfling kurz vor dem Waldstück Kastlberg

„Kurze Version" Wanderweg 95 (Mn5)

Ausgangspunkt der Wanderung ist das Dörflinger Schützenhaus. Wir gehen links bergauf Richtung Dörflinger Buxn. Nach 400 m halten wir uns rechts und kommen zum Missionskreuz. Es geht dann links vorbei, nach etwa 10 m rechts bergan auf die Kirnsteinhöhe.

Dabei sind ständig große Felsengruppen zu bestaunen, bis nach einer Ruhebank ein nicht zu übersehendes Schild zum Schwammerlstein weist. Nach dieser Exkursion geht es weiter bis zur Forststraße, wo wir rechts bergab dem Hinweis „Zur Grotte" folgen. Von der Straße geht es dann leicht hinab zur Grotte, wo Sitzbänke zu einer besinnlichen Rast einladen. Die Grotte wird gut gepflegt und von der Bevölkerung zu verschiedenen Anlässen aufgesucht.

Nach dem Aufenthalt gehen wir die Stufen hinab bis zum Missionskreuz und mit dem Blick auf die Kirche zurück über den Friedhof nach Dörfling. Hervorzuheben ist an dieser Stelle das 4 m hohe Friedhofskreuz, das wohl von 1924 stammt. 2003, also nach fast 80 Jahren, wurde festgestellt, dass die Christusfigur in Lebensgröße sehr wahrscheinlich eine hochwertige spätgotische Schnitzarbeit des 16. Jahrhunderts ist. Das restaurierte Original befindet sich heute in der Dörflinger Kirche St. Ägidius. Am Friedhofskreuz hängt seit 2005 eine vom örtlichen Bildhauer Franz Berg geschaffene Kopie.

WEGBESCHREIBUNG (MN5):
Kirche St. Ägidius in Dörfling – Große Amselkirche – Kirnsteinhöhe – Naturdenkmal Schwammerlstein – Grotte

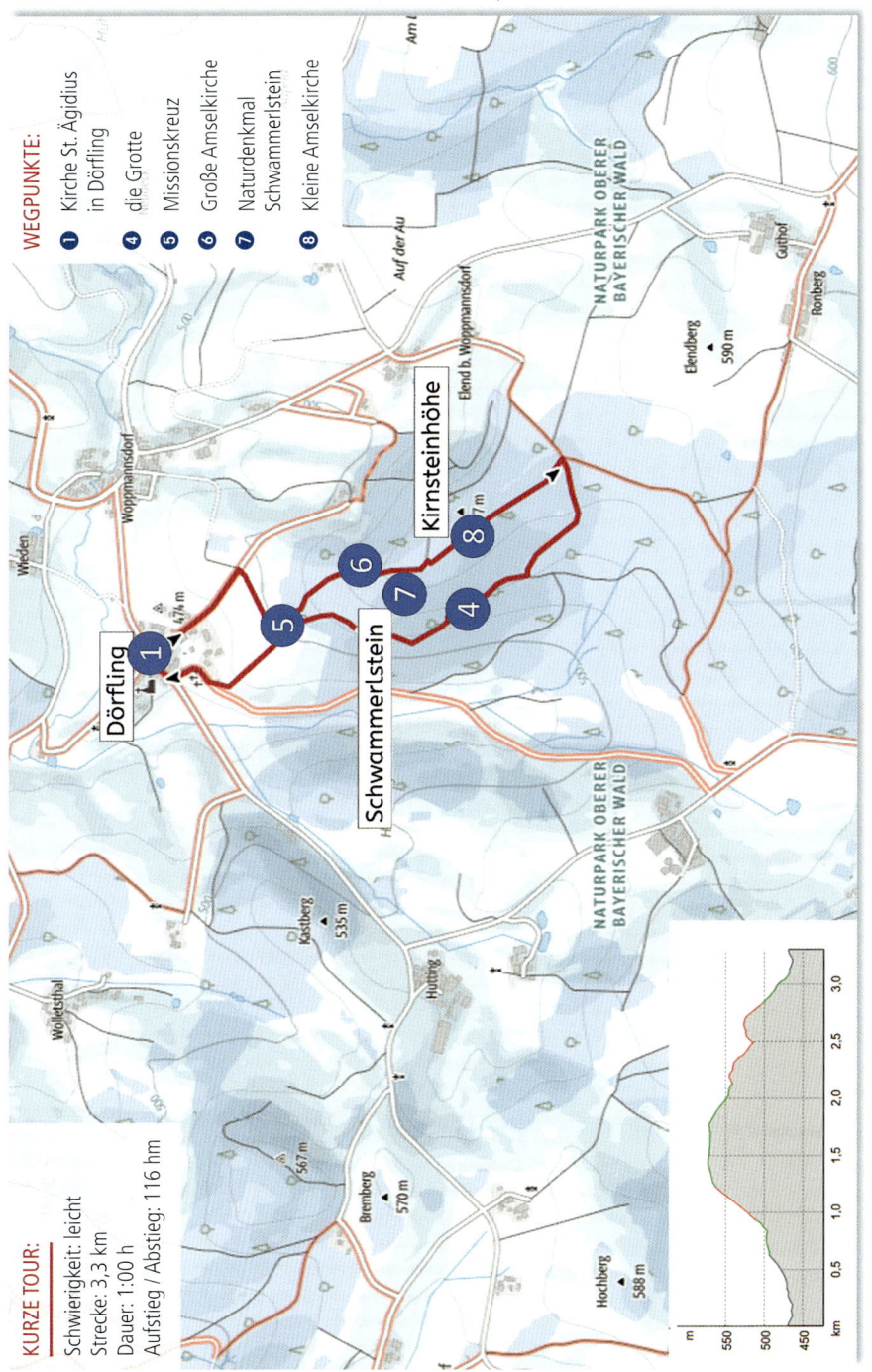

WEGPUNKTE:
1. Kirche St. Ägidius in Dörfling
4. die Grotte
5. Missionskreuz
6. Große Amselkirche
7. Naturdenkmal Schwammerlstein
8. Kleine Amselkirche

KURZE TOUR:
Schwierigkeit: leicht
Strecke: 3,3 km
Dauer: 1:00 h
Aufstieg / Abstieg: 116 hm

Tour 5 – **Katzenbuckel-Runde**
Gemeinde Wald

Am Plattenberg

WEGBESCHREIBUNG:
Wanderparkplatz Sulzbach – Katzenbuckel – Woppmannsdorf – Plattenberg – Hoher Fels – Taffelbuche – Untersteinbach – Steinbach

PARKEN:
Wanderparkplatz Sulzbach, Birkenackerweg 2, 93192 Wald

Der Katzenbuckel-Rundweg erfüllt so manchen Wandertraum! Hier kann man im wahrsten Sinne im „SteinReich" wandern!
Wir kommen bei dieser Tour am Katzenbuckel, dem Plattenberg und dem Hohen Fels vorbei. Auf der Wanderung durch die sattgrüne Natur können wir die Stille genießen oder dem Klopfen des Spechts im Wald lauschen!

oben: Kurz vor dem Aufstieg zum Plattenberg

unten: Am Plattenberg

Wir starten in der Gemeinde Wald, im Örtchen Sulzbach, Birkenackerweg 2. Hier gibt es einen Wanderparkplatz.
Es geht Richtung Einöd Steinbach und wir biegen nach 200 m kurz links ab. Anschließend wandern wir am Katzenbuckel vorbei in Richtung Woppmannsdorf. Wir biegen rechts und nach etwa 200 m nochmals rechts in den Gstellweg ab.
An einem kleinen Pferdehof vorbei, geht es hoch auf einen sehr schönen Naturweg. Diesem folgen wir 1,8 km geradeaus durch den herrlich schönen Gsteller-Forst.
Bald kommen wir auf den Wanderweg Wilder Mann 124, der Teil des Falkensteiner Burgensteiges ist und vom Waldverein Regensburg mit der Nummer O22 und dem grünen Rechteck markiert wurde.
Bevor wir hier entlanggehen, lohnt es sich, den Weg zu verlassen! Wir steigen an einer Lichtung zum Plattenberg hoch. Hier finden wir die erste „steinreiche" Felsformation.

ANFAHRT:
Wenn Sie von Wald kommen, fahren Sie über Roßbach die Staatsstraße (St2145) in Richtung Süssenbach, bei Maiertshofen/Sulzbach biegen Sie links ab. Von Falkenstein kommend, fahren Sie Richtung Gfäll und biegen rechts ab in Richtung Schillertswiesen, Süssenbach und dann wieder auf die Staatsstraße (St2145) nach Maiertshofen/Sulzbach. Von Altenthann kommend, geht es über die Staatsstraße (St2145) nach Forstmühle. Hier biegen Sie links ab nach Süssenbach und kommen wieder nach Maiertshofen/Sulzbach.

Es geht wieder hinunter zum Wanderweg und wir biegen rechts ab zum Hohen Fels. Nach ca. 400 m ist dieser auch bereits ausgezeichnet.

Hier lohnt es sich, den Wanderweg wieder zu verlassen und den nächsten steilen Forstweg nach oben zu nehmen. Angekommen am Hohen Fels (652 m) können weitere schöne Felsen bestaunt werden! Wir sind nun oberhalb der Granitsteine und können nach etwa 50 m den Hang (5 – 7 m) hinuntergehen.

Bevor wir weitergehen, lohnt sich ein Blick hoch zu den Felsen. Weiter geht's an einen schönen kleinen Forstweg zum Wanderweg 124.

Angekommen bei der Taffelbuche „Maria Hilf" (eine zeltartige Holzkapelle) geht es weiter durch den schönen Wald. Immer wieder sehen wir schöne Felsformationen und erreichen bald den Steinbach. Diesen Bach überqueren wir ohne Brücke. Keine Angst, das ist ohne Weiteres machbar. Nun geht es immer leicht bergab und raus aus dem Wald. Wir sehen bereits die Einöde Untersteinbach. Diesem Weg folgen wir weiter nach Steinbach und zum Wanderparkplatz Sulzbach.

oben:
Taffelbuche

links:
Am Hohen Fels (652 m)

links unten:
Am Steinbach

rechts unten:
Am Hohen Fels (652 m)

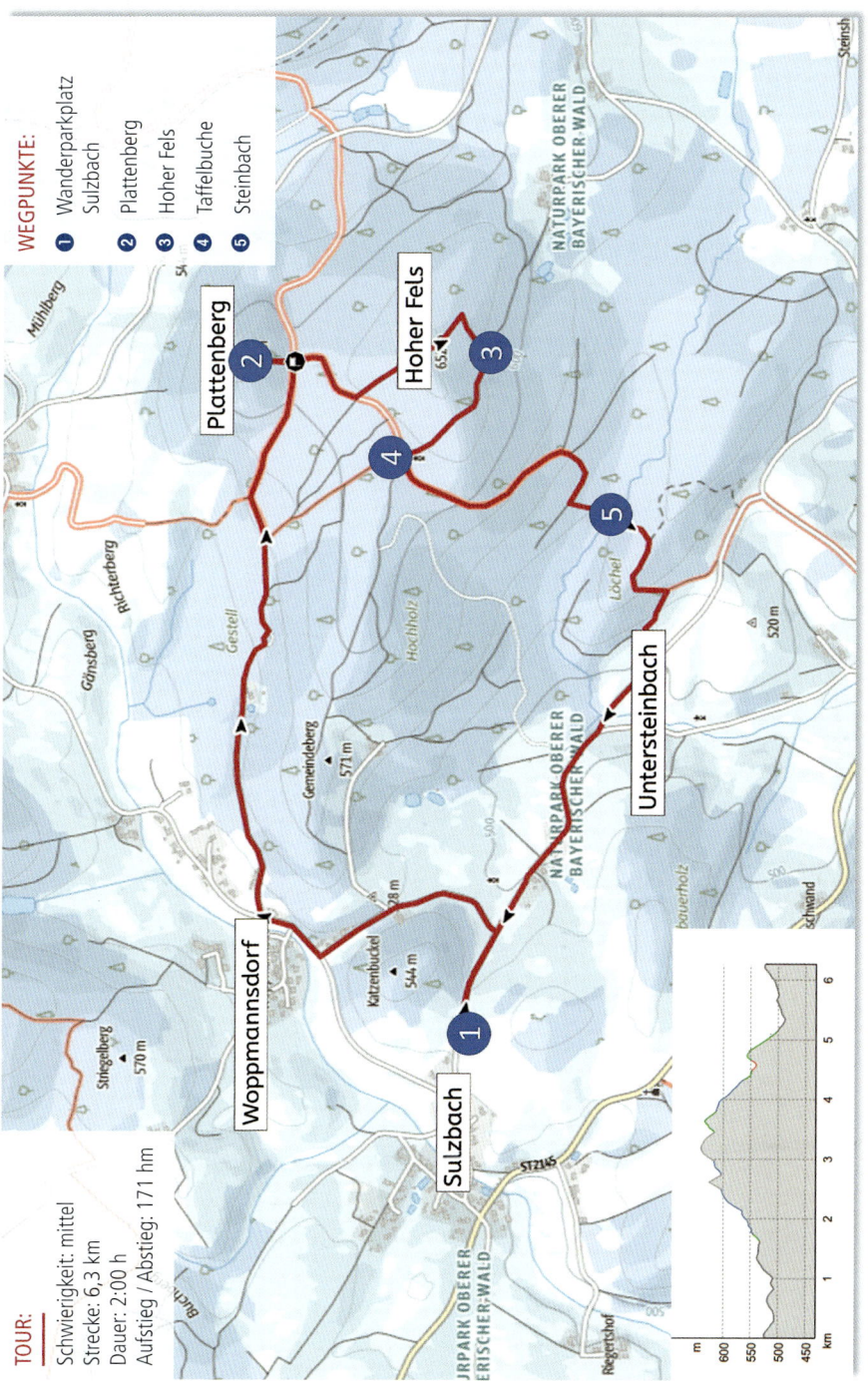

Tour 6 – Hadriwa-Runde
Gemeinde Zell

Blick auf Martinsneukirchen, im Hintergrund sehen wir die Heillige Kammer und den Mantelberg

WEGBESCHREIBUNG:
Ortsmitte Martinsneukirchen – Mantelberg – Naturdenkmal Heilige Kammer – Haag – Fürstenhänge – Wirthswies – Hadriwa – Unterpoign – Schindelhöhe – Martinsneukirchen

PARKEN:
Parkplatz, Dorfstraße 5, 93199 Zell

Wenn sich die Wälder in bunten Farben präsentieren und das Laub bei jedem Schritt raschelt, machen ausgedehnte Wanderungen am meisten Spaß!

Wir wandern am Wanderweg: Ze08 – Hadriwaweg

oben:
Der Panoramablick zum Hadriwa und Fürstenhänge

links:
An der Heilligen Kammer

Wir wandern vom Parkplatz in Martinsneukirchen bergauf am Mantelbergweg entlang und folgen dem Wanderweg (Ze08) Hadriwaweg. Wir biegen links ab Richtung Haag und gehen nach 25 m gleich wieder rechts, so umrunden wir den Mantelberg. Dieser führt uns auf den Goldsteinweg und zur Heiligen Kammer. Angekommen am Goldsteinweg biegen wir sofort rechts ab und gelangen so zu der Granitfelsengruppe Heilige Kammer. Dies ist ein eindrucksvolles Felsenarrangement mit Plateaus zum Durchschlüpfen und geschützten Kammern. Nach einer kleinen Pause wandern wir wieder zurück auf den Goldsteinweg und gehen diesen hinunter bis zur Ortschaft

ANFAHRT:
Der Ort liegt an der Verbindungsstraße von Zell (B 16) nach Schillertswiesen und hat auch eine direkte Straßenanbindung zum Luftkurort Falkenstein.

links oben:
Am Hadriwa gibt es viele schöne Felsformationen

rechts oben:
Am Weiher Nähe Schindelhöhe

links unten:
Der Weg am Hadriwa Nähe Fernseh-Funkturm, in Richtung Unterpoign …

Haag. Über die Straße geht es bergauf zu den Fürstenhängen und zur Wirthswies.
Als nächste Etappe geht es zum „kleinen" Hadriwa im Naturpark Oberer Bayerischer Wald. Der Hadriwa ist in der Gemeinde Zell mit 677 Metern die höchste Erhebung. (Es gibt noch einen weiteren Berg Hadriwa im Landkreis Straubing-Bogen bei Elisabethszell mit einer Höhe von 922 m.) Nun marschieren wir weiter nach Unterpoign und an der Schindelhöhe haben wir nochmals eine schöne Aussicht auf Martinsneukirchen mit Blick zum Mantelberg und zur Heiligen Kammer. Angekommen in Martinsneukirchen können wir noch kurz die Kirche St. Martin ansehen. Die älteste Urkunde, in welcher der Ort erwähnt wird, stammt aus dem Jahr 937. In einer Urkunde des St.-Johann-Stifts zu Regensburg erscheint 1237 der Name des Pfarrers Ernestus zu „Niwnkirchen des Sand Merteins".

An der Schindelhöhe mit Blick nach Zell

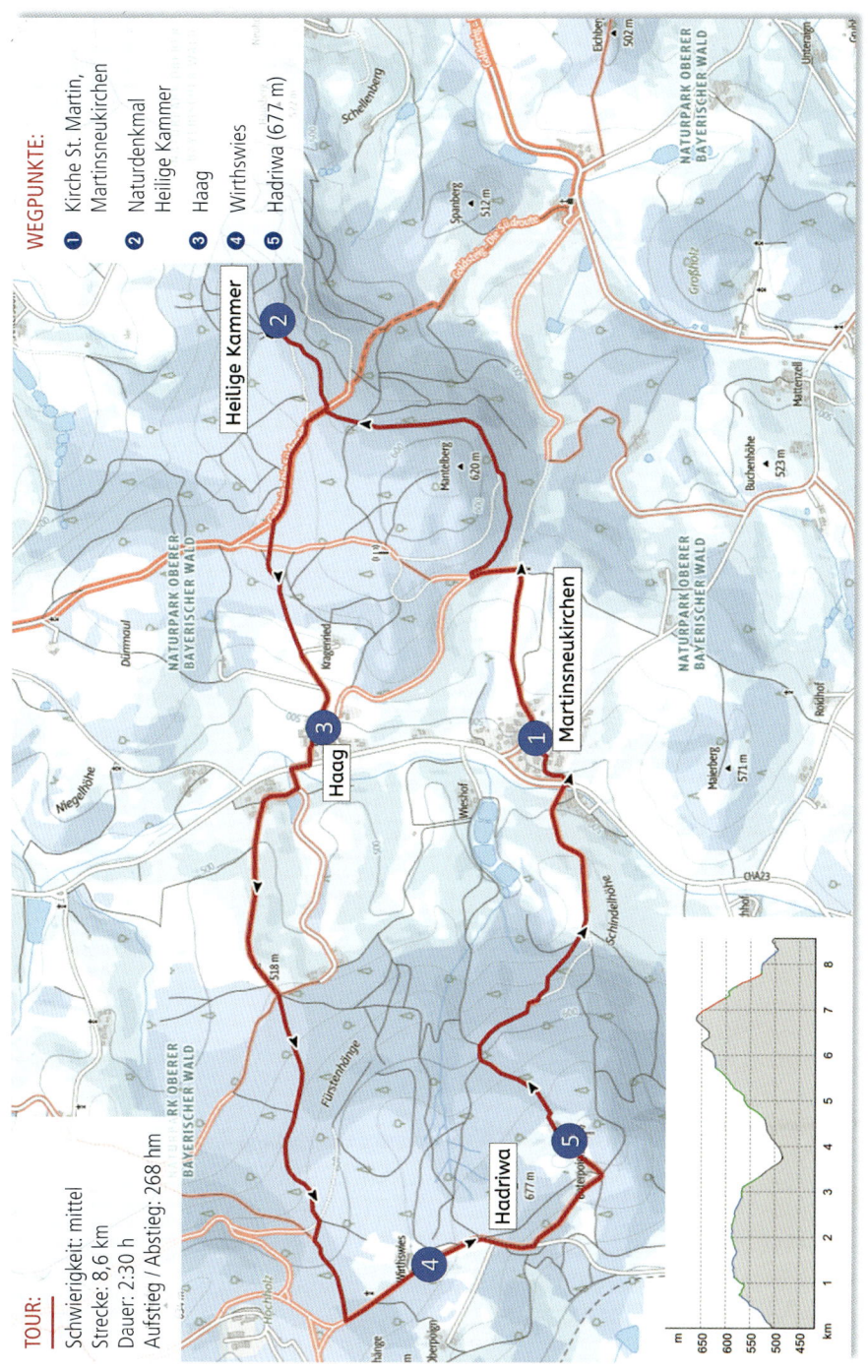

Tour 7 – **Im Land der Hinkelsteine**
Markt Falkenstein

Blick auf Marienstein vom felsigen Perlbachtal

ANFAHRT:
Marienstein (Markt Falkenstein) liegt im Vorderen Bayerischen Wald zwischen Roding und Straubing und ist über Staatsstraßen gut erreichbar.

PARKEN:
Eder Johann Gaststätte,
Marienstein 3,
93167 Falkenstein

Ein aussichtsreicher Rundwanderweg von Marienstein zum Semmelberg, zum Lauberberg ins Land der Hinkelsteine, ins Perlbachtal und zurück nach Marienstein.

oben und links:
Am Lauberberg

rechts:
Im Wald der Hinkelsteine

Ein schöner Rundweg am Goldsteig-/Oberpfalzweg mit der Verknüpfung zu den örtlichen Rundwegen – Wilder Man 113 und 114. Wir parken am Gasthaus Eder bzw. am nahegelegenen Feuerwehrhaus. Hier sind ausreichend Parkplätze.

Als Erstes gehen wir zur Kirche Marienstein, hier gibt es einen schönen Rundweg, der sogar durch einen Spalt führt. Der Spalt befindet sich zwischen der Kirche und einem mächtigen Granitfelsen. Man muss sich ganz schön ducken, um hindurch zu kommen und der Sage nach streift man damit auch seine Sünden ab.

Anschließend wandern wir Richtung Breitenbach. Von hier geht es hinauf zu dem felsigen Semmelberg mit allerhand Gesteinsformationen. Der Weg über den Semmelberg ist nicht markiert, felsig und steil. Wer diesen Abschnitt auslassen will, folgt einfach ab dem Weiler Hundessen weiter der Markierung „Wilder Mann 113".

SICHERHEITSHINWEISE:

Der Weg über den Semmelberg ist nicht markiert, felsig und steil. Hier erhöhte Vorsicht walten lassen. Wer diesen Abschnitt auslassen will, folgt einfach ab dem Weiler Hundessen weiter der Markierung „Wilder Mann 113".
Festes Schuhwerk empfohlen.

großes Bild: Panoramablick Richtung Martinsneukichen

Weiter geht es Richtung Lauberberg. Am Lauberberg angekommen findet man ganz viele Hinkelsteine-Felsen und Opferschalen. Im anschließenden Teilstück, dem Lauberberg-Wald, gibt es unzählige große „Hinkelsteine", als ob es früher „Riesen" gab, die mit den Felsen spielten und sie aufeinanderreihten. Wenn man durch den Wald hindurch ist, gibt es als Erstes eine herrliche Aussicht zur Kirche Marienstein und weiter geht es dann zu den felsigen Wiesen im Perlbachtal und an Schweinsberg vorbei.
Nun wandern wir noch einmal hinauf Richtung Marienstein durch ein kleines Waldstück, in dem man wieder schöne Felsen findet. Hindurchgewandert sieht man auch schon das Gasthaus Eder und die Kirche.

Am Semmelberg

WEGPUNKTE:

1. Kirche Marienstein
2. „Sünden-Spalt" felsiger Gipfel am Semmelberg
3. Steinreicher Lauberberg
4. Schöne Opferschalen
5. Im Wald der Hinkelsteine
6. felsige Wiese im Perlbachtal

TOUR:

Schwierigkeit: mittel
Strecke: 7,9 km
Dauer: 2:15 h
Aufstieg / Abstieg: 196 hm

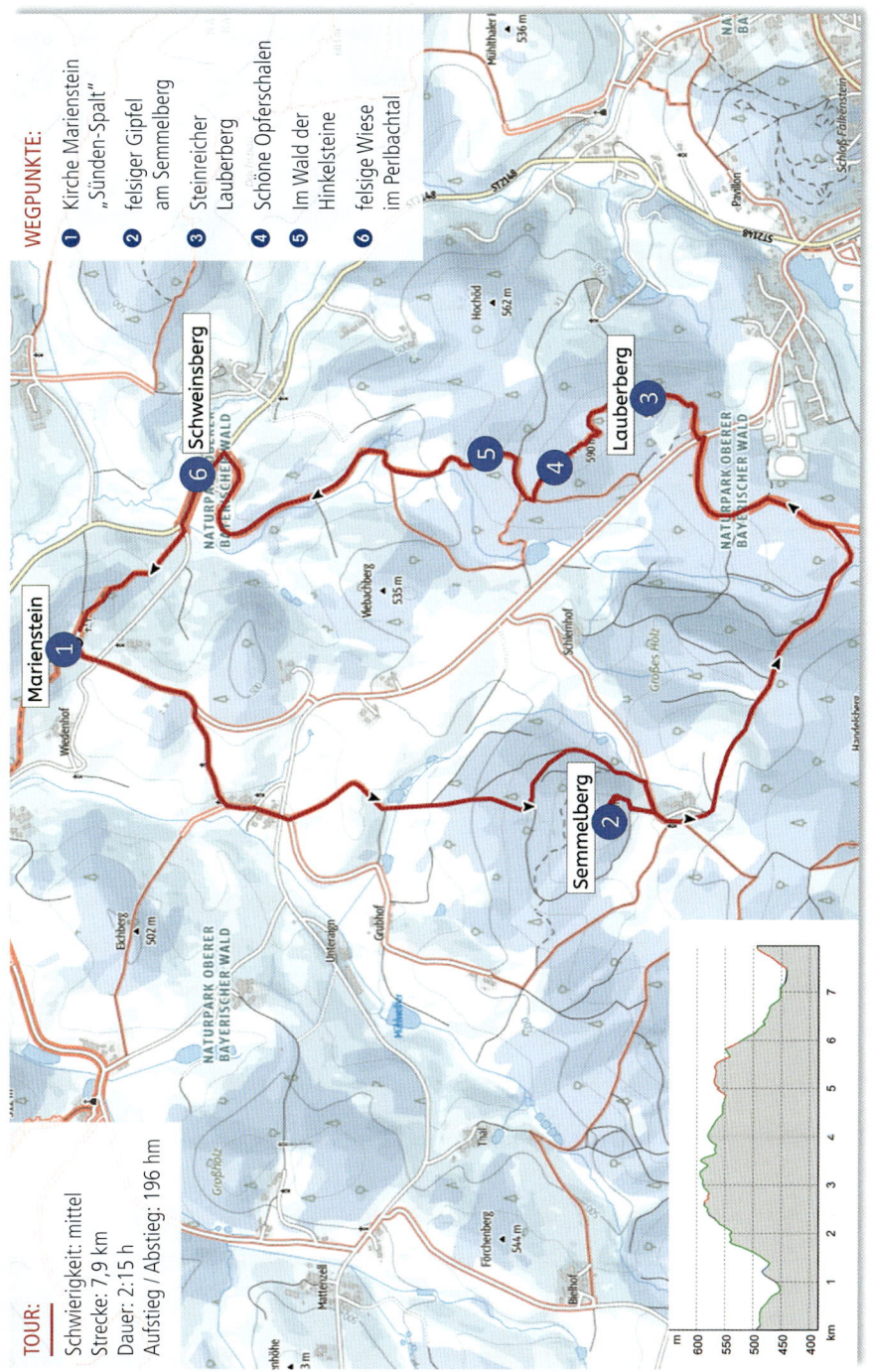

Tour 8 – Mühlen-Pallotti-7P-Rundweg
Gemeinde Michelsneukirchen, Markt Falkenstein

Blick vom Apostolatshaus der Pallottiner zur Burg Falkenstein

WEGBESCHREIBUNG:
„Mauthäusl" in St. Quirin – Wallfahrtskirche St. Quirinus – Quirinholz – Schwaighof – Fingermühl – Perlbachtal – Holzmühl – Missionshaus Hofstetten – Pallottiweg – Obermühl – Perlbachtal – 7P-Ranch in Bruckmühl – Niederhof – Oberhof – Wasserbüffel-Heide – St. Quirin

PARKEN:
Wallfahrtskirche St. Quirinus, Quer-Sankt Quirin 2, 93185 Michelsneukirchen

Zwischen Michelsneukirchen und Falkenstein kann man durch das Perlbachtal eine schöne Mühlenwanderung machen. Sehenswert auf unserer Wanderung ist das sogenannte „Mauthäusl" in St. Quirin, die Wallfahrtskirche St. Quirinus, das Apostolatshaus der Pallottiner, der Pallottiweg, das Tal im Perlbach und die 7P-Ranch von Bernd Hackl.

oben:
Das Mauthäusl

unten:
Die Klosterkapelle am
Apostelhaus Hofstetten

Ganz besonderes Augenmerk verdient das sogenannte „Mauthäusl" in St. Quirin, das einst als Zollstation an der Grenze von Bayern zur Pfalz diente. Gleich nebenan steht die Wallfahrtskirche St. Quirinus. An der Straße zwischen Michelsneukirchen und Falkenstein fanden seit dem Mittelalter bekannte Vieh- und Warenmärkte statt. Der Quermarkt war ein alter Waren- und Zugochsenmarkt, der bereits im Mittelalter bestand. 1969 war die Markttradition zu Ende. Im Jahr 2002 wurde der Quermarkt durch die Gemeinde, einige Vereine sowie durch das Engagement des Grundbesitzers wiedererrichtet und hat seitdem wieder regen Zulauf. Jeweils am dritten Sonntag nach Pfingsten zieht seitdem der große Warenmarkt mit mehr als hundert Fieranten tausende Kunden an.

ANFAHRT:
Zwischen Falkenstein und Michelsneukirchen fahren Sie an der Staatsstraße (St2146) bei der Beschilderung St. Quirin vorbei. Sie können es nicht übersehen.

Wir starten am Parkplatz Sankt Quirin und gehen als Erstes über die Staatsstraße (St2146) Richtung Quirinholz. Hier haben wir eine herrliche Aussicht auf unsere heutige Tour. Ab jetzt geht es hinunter nach Schwaighof und Fingermühl. In Fingermühl sehen wir eine schöne kleine Hofkapelle. An dieser gehen wir rechts hinunter in das Perlbachtal zur Holzmühl.

Entlang am Perlbach kommen wir in einen Wald. Hier halten wir uns dreimal rechts, bis wir zu einer Straße kommen, die uns hochführt zum Missionshaus Hofstetten.

oben:
Am Perlbach

mittig:
Am steinreichen Pallottiweg

unten:
Blick vom Quirinholz auf die Wallfahrtskirche St. Quirinus

Das Hofstettener Missionshaus, auch Apostolatshaus der Pallottiner, hat eine wechselvolle Geschichte. Eine erste Kapelle wurde 1885 errichtet, 1914 wurden Benediktiner ansässig, 1919 kamen die Pallottiner. Heute ist diese schöne Klosteranlage fern des Verkehrslärms auch eine Einkehrstätte für gern gesehene Gäste, wobei das Motto gilt: „Tu deinem Leib etwas Gutes an, damit deine Seele gern in ihm wohnt" (Theresa von Avila). Im Klostergelände lohnen das Verweilen im vorderen Klostergarten mit Burg Falkenstein im Hintergrund, ein Blick in die Klosterkapelle und noch ein Abstecher in den hinteren Klostergarten.

Die Straße vor dem Kloster gehen wir dann noch etwa 100 m weiter nach oben zum Wald und gelangen mit einem Rechtsabzweig in den Pallottiweg. Der Pallottiweg ist im Waldstück ein gut 500 m langer Rundweg mit leichtem Anstieg und felsigem Höhepunkt.

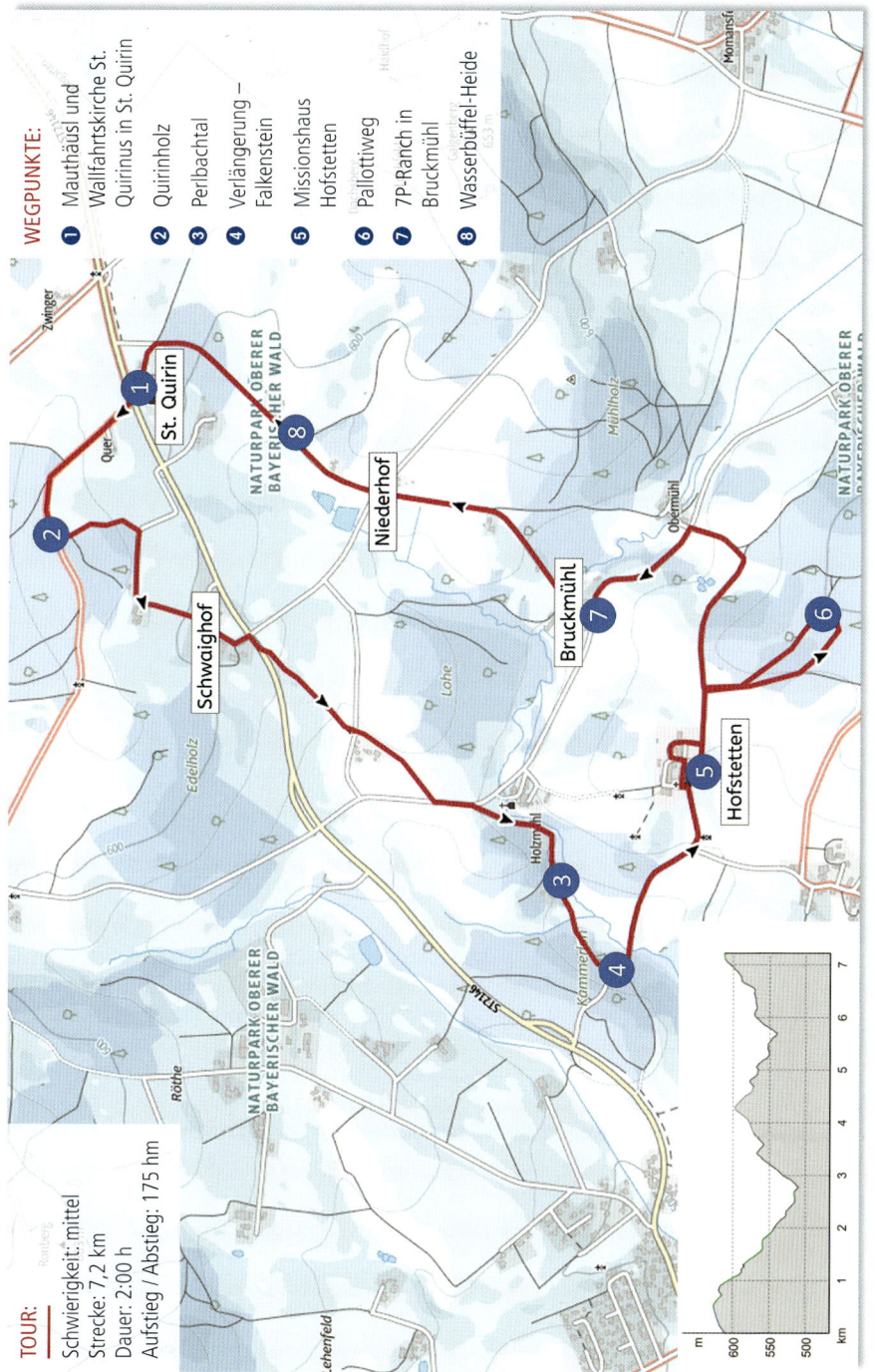

TOUR:

Schwierigkeit: mittel
Strecke: 7,2 km
Dauer: 2:00 h
Aufstieg / Abstieg: 175 hm

WEGPUNKTE:

1. Mauthäusl und Wallfahrtskirche St. Quirinus in St. Quirin
2. Quirinholz
3. Perlbachtal
4. Verlängerung – Falkenstein
5. Missionshaus Hofstetten
6. Pallottiweg
7. 7P-Ranch in Bruckmühl
8. Wasserbüffel-Heide

Missionshaus Hofstetten

oben:
Der Palotti Gedenkstein

unten:
An der P7-Ranch von Bernd Hackl

WEGBESCHREIBUNG:

Missionshaus Hofstetten – Völling – Falkenstein – Seidlmühle – Adlmühle – Forellenhof – Saffelberg – Missionshaus Hofstetten

Der Pallottiweg ist gesäumt mit Tafeln, die das Vaterunser sehr ansprechend darstellen. Weiter sieht man Schilder mit Sprüchen und Lehrsätzen des Ordensgründers Vincenzo Pallotti sowie Wegkreuze, Gedenk- und Erklärungstafeln. Wenn man auf etwa halbem Weg im oberen Teil etwas Acht gibt, kann man den Felsenweg finden, der rechts abzweigt, auf die höchste Stelle führt und interessante Gebilde zeigt, wie zum Beispiel einen Schlupfstein.

Über die Felsen geht es dann hinunter und raus aus dem Wald. Wir kommen wieder zur Straße und biegen rechts ab Richtung Obermühl. In Obermühl sehen wir eine schöne Kapelle und biegen links ab. Am Perlbach entlang geht es zur 7P-Ranch in Bruckmühl, vielleicht kommen wir zufällig zu den Dreharbeiten von VOX mit Bernd Hackl. Die 7P-Ranch von Bernd Hackl ist eine sehr schöne Ranch, die auch öfter im TV bei VOX in der Sendung „Die Pferdeprofis" zu sehen ist. Der Pferdetrainer Bernd Hackl hat sich hier in Bruckmühl vor einigen Jahren niedergelassen (www.berndhackl.de).

Wir gehen hindurch und bergauf Richtung Niederhof. Vorbei am Oberhof sehen wir noch die Wasserbüffel (www.bayerwaldbueffel.de) und gehen zum Ziel Sankt Quirin.

Falkensteiner Mühlenweg (105) „Fa5"

Kurz vor dem Missionshaus Hofstetten können wir mit dem Wilden Mann – Mühlenweg (105) einen Abstecher nach Falkenstein machen. Über Völling gelangen wir zur Burg Falkenstein. Zurück geht es entlang des Perlbachs über Adlmühle und Saffelberg an einen sehr schönen Wanderweg. Allerdings müssen wir diesen Weg wieder zurückwandern zum Ausgangspunkt St. Quirin. Hier dürfen wir 6,5 km oder 1:50 Stunden mehr einplanen.

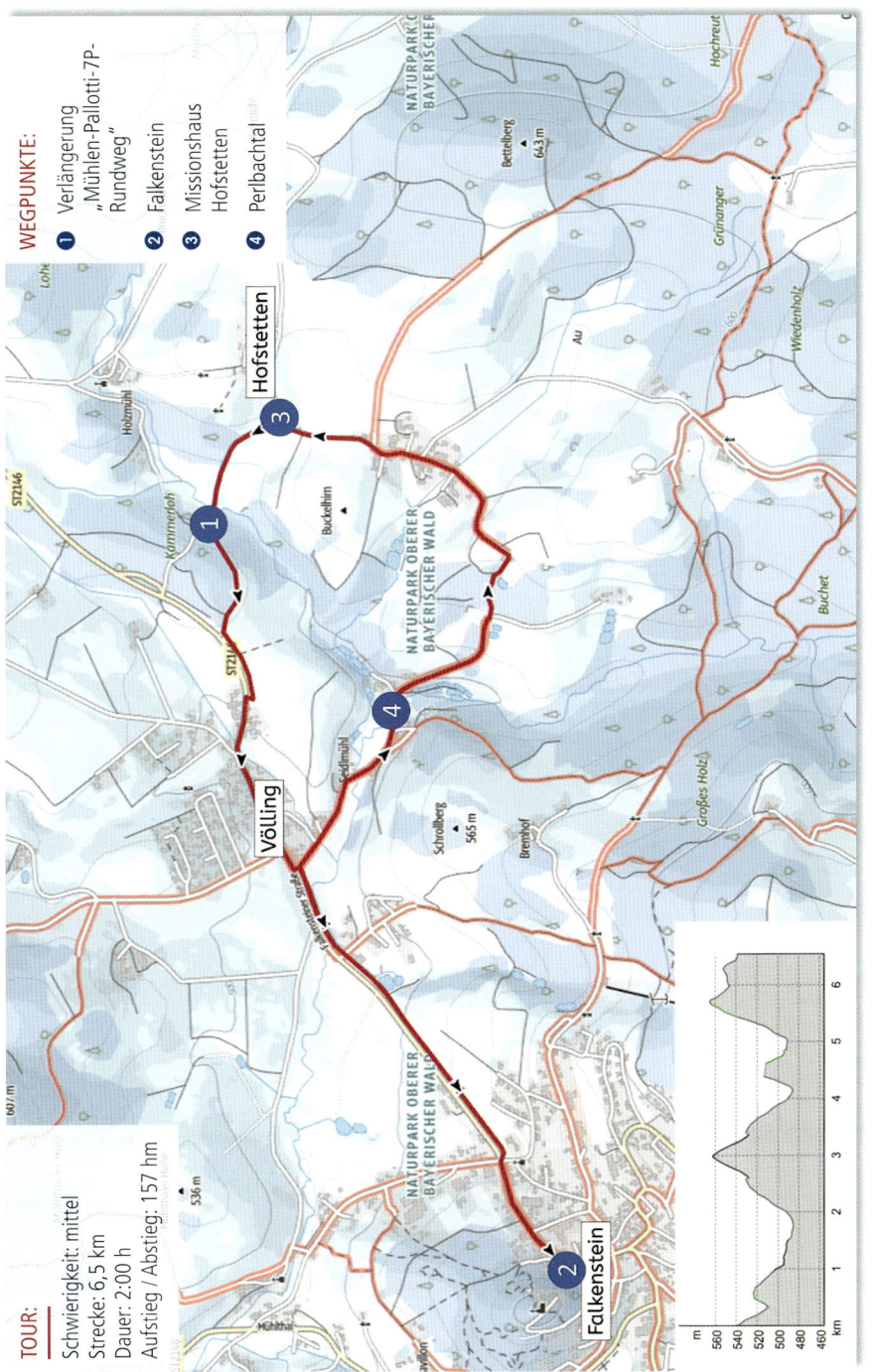

Tour 9 – **Zur Hundshaut**
Gemeinde Michelsneukirchen

An der wunderschönen Brücke, Kohlmühlbach

WEGBESCHREIBUNG:
Michelsneukirchen – Pfaffengschwand – Hackl-Kapelle – Elend – Jammer – Noth – Untere Hundshaut – Ponholz – Waldlerhaus – Kohlmühlbach – Glöcklswies – Michelsneukirchen

„Warum in die Ferne schweifen, wenn das Gute liegt so nah?" Das hat sich nicht nur Johann Wolfgang von Goethe gedacht. Einen Beweis dafür liefert unser Leserfotograf Heiko Gietlhuber aus Michelsneukirchen. Seine Aufnahme an einem schönen Wanderweg beschreibt er wie folgt: „Kleine Wasserfälle, eine kleine Brücke und saftiges Grün gibt es momentan am Kohlmühlbach." Wer über die Ferien also nicht verreist, kann sich auch im Landkreis erholen: Rucksack packen, Wanderstiefel schnüren und raus in die Natur.
(Ein Ausschnitt aus der Mittelbayerischen Zeitung)

Diese abwechslungsreiche Wanderung mit vielen Sehenswürdigkeiten lässt sich auf dem gut markierten Wanderweg erkunden.

Wanderweg Nr.: Wilder Man 100 (Mn10)

Blick auf Michelsneukirchen, spätabends ...

Wir beginnen unsere Wanderung am Gemeindeparkplatz von Michelsneukirchen und marschieren an der Rodinger Straße in Richtung Pfaffengschwand. Hier kommen wir an der Pfarrkirche St. Michael und dem alten Mesnerhaus mit seinem seltenen zweigeschossigen Mansardendachbau und Stuckfassade vorbei. Kurz vor Sonnhof geht es links hoch in den Wald.
Wir wandern in den Wald hinein, wo wir bald einen größeren Bildstock erkennen, eigentlich schon fast eine kleine Kapelle, aber nicht begehbar, darum Kapellenbildstock genannt, bei Einheimischen auch als Hackl-Kapelle bekannt. Der weiß verputzte Bruchsteinbau der Hackl-Kapelle mit Satteldach (errichtet 1922) ist 2,60 m hoch, 1,10 m tief, 1,65 m breit und zeigt eine verschlossene Rundbogennische. Ein 40 cm hoher Granitblock vor der Kapelle lädt zur Rast ein.

oben:
Im Hagholz

links:
Am Kohlmühlbach wurde dieser Weiher angelegt, ein herrlicher Ort

PARKEN:
Gemeinde Parkplatz Michelsneukirchen, Straubinger Str. 3, 93185 Michelsneukirchen

oben:
In Richtung Pfaffengschwand

Hintergrundbild:
Am Wasserfall Kohlmühlbach

Weiter führt uns der Weg über den Herrschaftsweg nach Elend, Jammer, Noth, Mauth, bis zur Unteren Hundshaut und nach Ponholz. Hier auf diesem Abschnitt findet man sehr interessante Felsformationen und man sollte bei Elend den Blick auf die besonders schönen Tausender des Bayerischen Waldes genießen. In Ponholz biegen wir rechts ab und wenden uns nach der Ortschaft links auf die Betonstraße. Angekommen am Waldlerhaus Nähe Knotthof sind wir auch am Kohlmühlbach angelangt. Ein reizvolles Tal, welches von einem natürlichen Bachlauf durchschnitten wird. Entlang im Hagholz und am Lehmbach beachten wir noch den Wanderweg 100 (Mn10) bis zur Wald-Schleife. Dann geht es hinunter zum Kohlmühlbach. Hier sind wir am schönsten Teilstück unserer Wanderung und gehen über eine herrliche alte Steinbrücke!

Wir beachten auch, dass dies ein „Privatgrund" ist, und ein Hund könnte hier frei herumlaufen.

Wir gehen am Kohlmühlbach entlang gegen die Flussrichtung und kommen nach ca. 700 m wiederum an einer Holzbrücke vorbei. Diese überqueren wir und gehen auf einem Naturweg am Bach bis zum nächsten Waldstück. Am nächsten Forstweg biegen wir rechts ein und wandern bergauf Richtung Glöcklswies. Dort sehen wir bereits wieder Michelsneukirchen und wandern zum Ausgangspunkt zurück.

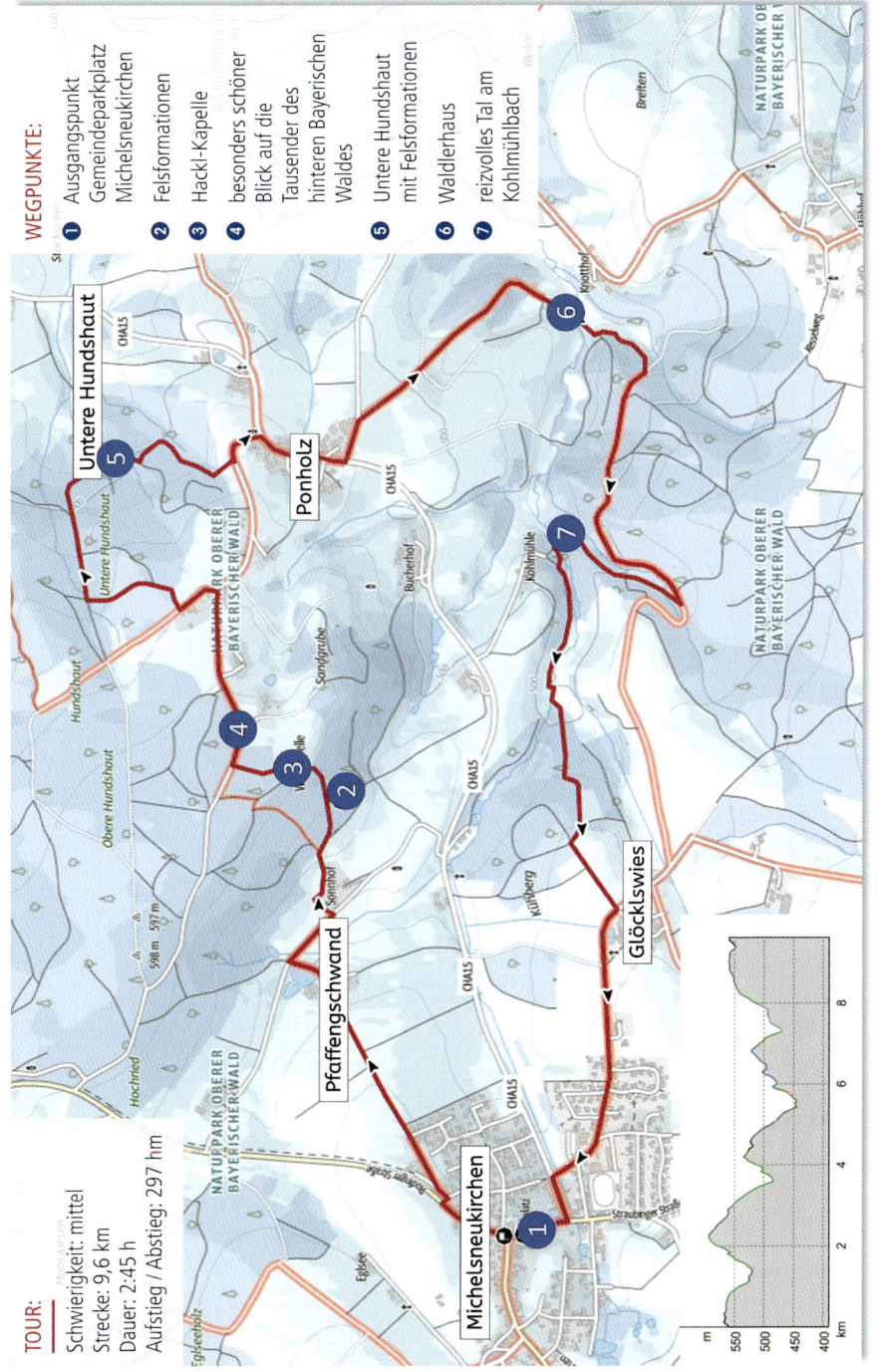

TOUR:
Schwierigkeit: mittel
Strecke: 9,6 km
Dauer: 2:45 h
Aufstieg / Abstieg: 297 hm

WEGPUNKTE:
1. Ausgangspunkt Gemeindeparkplatz Michelsneukirchen
2. Felsformationen
3. Hackl-Kapelle
4. besonders schöner Blick auf die Tausender des hinteren Bayerischen Waldes
5. Untere Hundshaut mit Felsformationen
6. Waldlerhaus
7. reizvolles Tal am Kohlmühlbach

Tour 10 – Ruinen-, Wald- und Felsenerlebnis
Gemeinde Wald

Die Kapelle an der Burgruine Siegenstein

WEGBESCHREIBUNG:
Süssenbach – Burgruine Siegenstein – Wasserstein – Schwarzhanselholz – Heilig-Bründl-Kapelle mit Mariengrotte – Druidenstein – Süssenbach

PARKEN:
Kirche Süssenbach, Siegensteiner Str. 5, 93192 Wald

Wanderung zu den keltischen Opfersteinen, dem Druidenstein und zu einer Burgruine – so könnte man die Landschaft mit wenigen Worten beschreiben. Mit etwas Neugier und Klettergeschick steht dem Ruinen-, Wald- und Felsenerlebnis nichts im Wege.

Der Wanderweg ist mit der Nummer 133 bzw. Wd03 (Opfersteinweg) markiert.

Unsere Wanderung beginnt in Süssenbach an der Kirche. Wir wandern in Richtung Treidelberg und anschließend in Richtung Weiler Fraunhofen.

Kurz vor Sandorf geht es rechts in einen Naturweg. Diesem Weg folgen wir bis zur Kreuzung, wo die Beschilderung zur Burgruine Siegenstein am Wegrand gekennzeichnet ist. Nach 100 Metern sind wir an der Kapelle und bei der Burgruine angekommen.

Die Burgruine Siegenstein liegt am Rande des gleichnamigen Dorfes. Die Ursprünge Siegensteins liegen der Überlieferung nach etwa 1000 Jahre zurück. Bereits zum Anfang des 16. Jahrhunderts ist die Burg so baufällig geworden. 1606 liegt die Anlage bereits in Trümmern.

Nach einer kurzen Pause gehen wir nicht den gleichen Weg zurück, sondern nehmen den Pfad in Richtung Burgstraße in Siegenstein. In Siegenstein halten wir uns links und gehen hinunter, über die Brücke des Otterbachs, und folgen dem roten Dreieck, nach Zwiglhof. Hier biegen wir auf den Weg Nr. 133 rechts ab, steigen das Sträßchen ein Stück bergan und gehen auf den Wald zu. Kurz vor dem Wald geht's rechts, in einen Waldweg zu einer felsigen Kuppe. Den steinigen Weg passieren wir und etwa 20 m weiter biegen wir rechts ab und steigen hinauf zu einem Querweg, dem wir nach links folgen. An der folgenden Gabelung gehen wir rechts.

oben:
Blick auf Süssenbach

unten:
Die Ruinenreste von Burg Siegenstein

ANFAHRT:
Süssenbach liegt im Vorderen Bayerischen Wald zwischen Altenthann und Wald und ist über die Staatsstraße (St2145) gut erreichbar.

Der Ort Heilig Bründl

Am nächsten Abzweig biegen wir wiederum rechts ab zum Wasserstein. Hier findet man Felsformationen mit eingemeißelten Opferschalen, die aus keltischer Zeit stammen sollen: ein Wasserstein mit kreisrundem Wasserbecken auf einem schönen Felsplateau.

Weiter geht es anschließend Richtung Treitersberg. Bei Treitersberg biegen wir links ab und wandern geradeaus zum heutigen höchsten Punkt ins Schwarzhanselholz.
Im Schwarzhanselholz biegen wir scharf rechts ab und gehen hinunter Richtung Süssenbach.
Wir kommen zur Heilig-Bründl-Kapelle mit Mariengrotte und zum Druidenstein. Dieser ist eine sehr schöne Felsformation im Falkensteiner Vorwald, die einer Erzählung zufolge eine Opferstätte gewesen sein soll. Hier finden wir den Druidenstein, mit weiteren bemoosten Felsformen. Ein mystischer und beeindruckender Ort. Jetzt geht es hinunter und bei der nächsten Kreuzung gehen wir rechts Richtung Dorfmitte Süssenbach.

oben:
Auf dem Druidenstein

unten:
Am Druidenstein

Am Wasserstein

TOUR:
Schwierigkeit: mittel
Strecke: 8,2 km
Dauer: 2:45 h
Aufstieg / Abstieg: 265 hm

WEGPUNKTE:
1. Süssenbach
2. Burgruine Siegenstein mit Kapelle
3. Wasserstein mit kreisrundem Wasserbecken
4. Schwarzhanselholz
5. Heilig-Bründl-Kapelle mit Mariengrotte
6. Druidenstein mit einer sehr schönen Felsformation

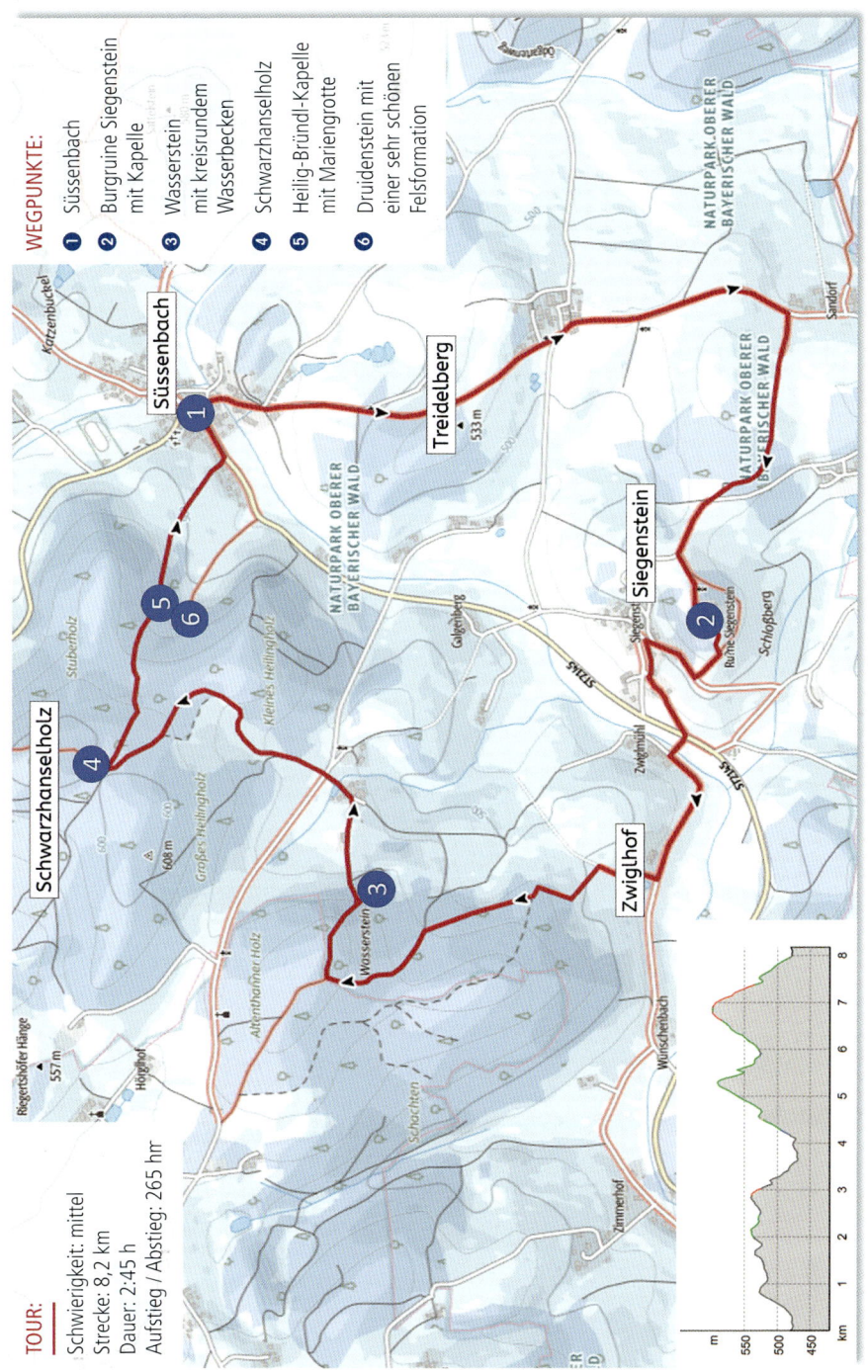

Tour 11 – Zum Handelsberg
Markt Falkenstein

Radwanderweg

WEGBESCHREIBUNG:
Filialkirche Gfäll –
Radwanderweg –
Rundbogenbrücke aus
der Eisenbahnzeit –
Thurn-&-Taxis-Forst –
Hundessen – Semmelberg –
Handelsberg – Urbachl –
Bielhof – Gfäll

PARKEN:
Filialkirche Gfäll, Kirchstraße, 93167 Falkenstein

Der Radwanderweg von Falkenstein nach Regensburg ist der Tatsache zu verdanken, dass 1984 die Eisenbahnlinie stillgelegt wurde. Heute ist diese Trasse beliebter Weg für Wanderer, Radfahrer und Ski-Langläufer. Es geht auf dem Radwanderweg Richtung Falkenstein, zur Schlafenden Schlange sowie zu zahlreichen schönen Aussichten. Wir wenden und gehen um den Handelsberg, nach Hundessen, entlang am Urbachl und zurück nach Gfäll.

Wir beachten den Wilden Mann (114) Fa4, den Radwanderweg sowie vom Waldverein Regensburg das blaue Rechteck und rote Dreieck.

Gfäll

Wir beginnen unsere Wanderung an der Filialkirche Gfäll mit ihrem Schutzpatron, dem Hl. Josef. Am nahe gelegenen Radwanderweg geht es Richtung Falkenstein.
Ab Winkling gehen wir auf dem Weg Teerstraße parallel zum Radweg, nach ca. 250 Metern halten wir uns links und achten auf die weißen Punkte an Baumstämmen oder an Steinen. Diese sind etwas leicht zu übersehen.
Wir steigen 150 m steil nach oben und auf der linken Seite finden Sie die „Schlafende Schlange". Nach der Besichtigung gehen wir den gleichen Weg wieder hinunter. Wir halten uns links und kommen zur alten Rundbogenbrücke aus der Eisenbahnzeit.
Eventuell können Sie ab hier Richtung Schlosspark mit Burg gehen oder zum alten Lokschuppen. Heute bietet der frühere Lokschuppen in Falkenstein mit seinem einzigartigen Ambiente ein Forum für Ausstellungen mit unterschiedlichsten Schwer-

oben:
Schlafende Schlange

unten:
Weißer-Punkt-Markierung
zur Schlafenden Schlange

ANFAHRT:
Falkenstein liegt zwischen den Ortschaften Brennberg, Rettenbach und Michelsneukirchen an der Staatsstraße (St2146). Sie können diese von der A3 (Wörth an der Donau) oder der B85 (Cham/Roding) anfahren.

Blick auf Falkenstein

oben:
Alter Lokschuppen

unten und rechts:
Am Handelsberg

punkten. 1985 wurde die Bahnstrecke Regensburg – Falkenstein stillgelegt, wie viele andere Lokalbahnen im Bayerischen Wald auch. Lange war fraglich, ob der ehemalige Lokschuppen, ein ortsprägendes Industriedenkmal, trotz seines renovierungsbedürftigen Zustandes erhalten werden kann. Im Herbst 1990 kaufte die Familie Frank das Gebäude und sanierte in den Folgejahren den ehemaligen Wohntrakt der Eisenbahner und im Anschluss daran den angrenzenden Unterstellplatz der Lokomotiven.

Wir wandern aber weiter durch den Thurn-&-Taxis-Forst, am Handelsberg vorbei nach Hundessen. Hier können Sie einen Abstecher hinauf zum felsigen Semmelberg mit allerhand Gesteinsformationen machen. Der Weg über den Semmelberg ist steinig und steil.

Bei Hundessen gehen wir entlang am Handelsberg und anschließend geht es 110 m hinab zum Urbachl. Unser Weg führt uns weiter zum Bielhof (Wilder Mann 114) und wir kommen über die Bielhofstraße wieder zurück zum Ausgangspunkt Gfäll.

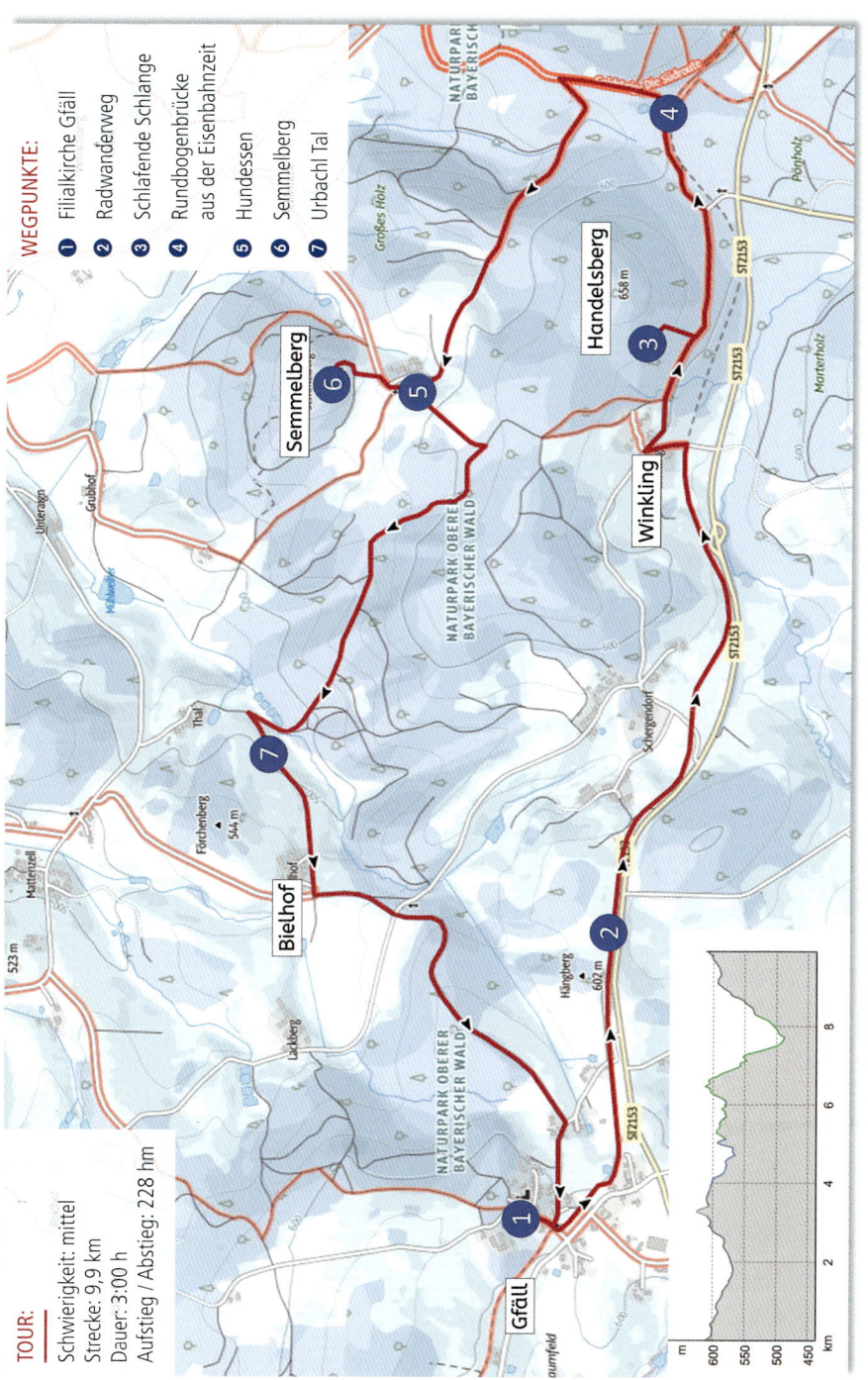

Tour 12 – **Schlosspark Falkenstein**
Markt Falkenstein

Der Blick zur Burg, an einem schönen Sommerabend

PARKEN:
Marktgemeinde Falkenstein Marktplatz 1, 93167 Falkenstein oder am Burg Parkplatz

EINKEHRMÖGLICHKEIT:
Burggaststätte mit Biergarten auf der Burg Falkenstein

Einen wunderschönen Flecken Natur findet der Wanderer direkt im Zentrum von Falkenstein – den Falkensteiner Schlosspark! Sie haben fünf Runden zur Auswahl.

Der Falkensteiner Schlosspark, ein Naturschutzgebiet, mit seinen wild zerklüfteten Felsenformationen zählt zu den größten Natur- und Felsenparks Bayerns. Der Weg führt vorbei an mächtigen Granitbrocken, durch die man sich manchmal sogar hindurchzwängen muss. Er ist eine Stätte unberührter Natur direkt am Fuße des burgbewehrten Granitkegels mit Baumriesen und wuchtigen Felstürmen. Man kann „Das Froschmaul", eine Granitformation, bewundern oder die „Himmelsleiter" hinaufsteigen und durch den „Hohlen Stein" und das „Herzbeutelgässchen" gehen, das sind sehr schöne kleine Felsspalten. Im „Herzbeutelgässchen" ist es ganz am Anfang etwas eng.

oben:
Burg Ansicht

unten:
Blick vom Aussichtsturm der Burg auf den Markt Falkenstein

INFOS:
Um auf den Burgturm zu gelangen, muss man durch ein Drehkreuz. Die Gebühr liegt hier bei 0,50 Euro.

Über eine steile Holztreppe kommen wir zum Schanzl

Es gibt **fünf unterschiedliche Rundwege** durch den Schlosspark. Die Wanderungen dauern nicht lange, aber festes Schuhwerk sollte man definitiv anhaben. Nach jeder Rundtour durch den Schlosspark geht es zur Burg. Auf dem Burgturm haben wir eine traumhafte Aussicht über den Vorderen Bayerischen Wald.

Große Schlosspark-Runde: Diese Wanderung beginnt beim Rathaus-Parkplatz. Wir überqueren die Rodinger Straße und treten bereits nach wenigen Metern, vorbei am Hotel „Am Schlosspark", in den schattigen Hochwald des Felsenparks.

Wir biegen links ab zum Teufelstein. Weiter hinauf bringt uns der Weg zu einer mit einem Eisengitter verschlossenen Höhle, aus der uns das in Deutschland sehr seltene Leuchtmoos entgegenschimmert. Es handelt sich dabei um Laubmoos. Diese Pflanzenart lässt das einfallende Licht in smaragdgrünem Glanz reflektieren.

oben:
Mit einem Eisengitter verschlossene Höhle sehen wir das Leuchtmoos

unten:
Teufelstein

Über eine steile Holztreppe kommen wir zum Schanzl und weiter geht es zur Schlosskapelle. Das schlicht aussehende Kirchlein gehört, ebenso wie die Burg selbst, seit 1968 der Marktgemeinde Falkenstein.

Hier gehen wir hinab zum breiten Burgweg und halten uns links hinauf zum Hof der Burg. Wir betreten das Innere und steigen über Treppen empor zum luftigen Bergfried. Reizend liegt uns der Markt Falkenstein zu Füßen. Nachdem wir den herrlichen Rundblick genossen haben, können wir in der Burg das Museum „Jagd und Wild" besuchen und im Biergarten deftig einkehren.

Nach einer Pause gehen wir hinab am breiten Burgweg und biegen links ab zur Burgtreppe. Wir halten uns rechts und gehen kurz vor dem Parkplatz links zum Herzbeutelgässchen. Etwas unterhalb liegt links der Hohle Stein, eine natürliche Höhle in diesem Steinmassiv, die zum Erforschen einlädt. Nun geht es weiter zum Steinernen

Gässchen. Wir wandern geradeaus biegen nach ca. 100 m links ab und kommen an die Klause. Sie wurde auf einem Felshügel erbaut, eine romantische Holzhütte, die ein wenig an eine Kapelle erinnert.

Für den Rückweg nehmen wir denselben Weg, biegen rechts ab und an einer Gabelung halten wir uns links. Ein sehr enger Felsendurchgang führt uns durch den Schiefen Stein. Vor uns sehen wir bereits das Froschmaul. In der geräumigen Felsnische lädt uns eine Ruhebank zur Verschnaufpause ein. Nach dem Froschmaul biegen wir links ab und kommen so zur Himmelsleiter. Es geht eng, steil und beschwerlich über die lange Holztreppe nach oben. Ist diese erklommen, folgen wir rechts dem schmalen Steig und gelangen so nochmals zum Herzbeutelgässchen. Wir biegen links ab zum Teufelstein.

Wir halten uns wieder rechts, wo uns der Weg weiterführt zum Schützenplatz mit seinem mächtigen Steintisch. Schon im 18. Jahrhundert wurde hier der Schießsport betrieben. Wir gehen raus aus dem schattigen Hochwald des Felsenparks, überqueren die Rodinger Straße und kommen zu unserem Ausgangspunkt Rathaus zurück.

Froschsteig-Runde: Wir beginnen 50 m oberhalb des Parkplatzes (Infotafel), dann links auf dem Froschsteig (Symbol) in Richtung Teufelssteg, weiter hinab zum Froschmaul. Der weitere Weg führt uns zum Schiefen Stein, zum Schützenplatz. Wir folgen wieder der Beschilderung und biegen wieder rechts ab zum Teufelstein. Weiter hinauf bringt uns der Weg zu einer mit einem Eisengitter verschlossenen Höhle, aus der uns das in Deutschland sehr seltene Leuchtmoos entgegenschimmert. Über eine steile Holztreppe kommen wir zum Schanzl. Nun kehren wir wieder zum Ausgangspunkt zurück.

Himmelssteig-Runde: Wir starten unsere Tour wieder bei der Infotafel oberhalb des Parkplatzes und folgen links der Beschilderung (Symbol Him-

Bilder oben:
Wir wandern geradeaus, biegen nach ca. 100 m links ab und kommen an die Klause. Sie wurde auf einem Felshügel erbaut, eine romantische Holzhütte, die ein wenig an eine Kapelle erinnert.

darunter:
Herzbeutelgässchen

links:
Am Teufelsteig

rechts:
Im Herzbeutelgässchen

Am Teufelsteig

Am Hohlen Stein

melssteig) über den Teufelsteg zum Froschmaul. Nach dem Froschmaul biegen wir zwei Mal links ab und kommen so zur Himmelsleiter. Wir folgen rechts dem schmalen Steig und gelangen so zum Herzbeutelgässchen. Etwas unterhalb liegt rechts der Hohle Stein, auch „Herminensgrotte" genannt. Nun geht es weiter zum Steinernen Gässchen. Nun folgen wir in Serpentinen dem von Holzplanken begrenzten Steig bis zum Froschmaul. Von dort kehren wir wieder über den Teufelsteig zurück zum Ausgangspunkt.

Schlosssteig-Runde: Ausgangspunkt ist wieder die Infotafel oberhalb des Parkplatzes, wo wir rechts Richtung Burg wandern (Symbol Schlosssteig). Wir steigen links hoch zur Schlosskapelle und folgen noch der Beschilderung bis zum Schanzl. Dieses diente vormals als vorgelagerte Verteidigungswehr und war mit Kanonen bestückt, die jedoch 1809 von den Österreichern mitgenommen wurden. Hier kehren wir um und lassen uns von dem mit Holzplanken gesäumten Pfad bis zum breiten Burgweg führen und gehen links hinauf zum Hof der trutzigen Veste. Wir betreten das Innere der über 900 Jahre alten Festung und steigen über Treppen empor zum luftigen Bergfried. Reizend liegt uns der Markt Falkenstein zu Füßen. Für den Rückweg nehmen wir denselben Weg und biegen nach ca. 20 Metern links ab und kehren über die Treppen zurück zum Parkplatz.

Königsweg-Runde: Diese Wanderung beginnt beim Parkplatz hinter dem Rathaus. Wir überqueren die Rodinger Straße und treten bereits nach wenigen Metern in den schattigen Hochwald des Felsenparks. Unser Weg (Symbol Königsweg) führt uns zum rechts gelegenen Schützenplatz mit seinem mächtigen Steintisch. Der Weg führt weiter zum Königsplatz. Wir halten uns dann rechts und sehen schon die Klause. Sie wurde auf einem Felshügel erbaut. Wir gehen den Weg weiter rund um die Klause und folgen der Beschilderung, bis wir wieder zum Einstiegspunkt gelangen.

Felsformation am Froschmaul

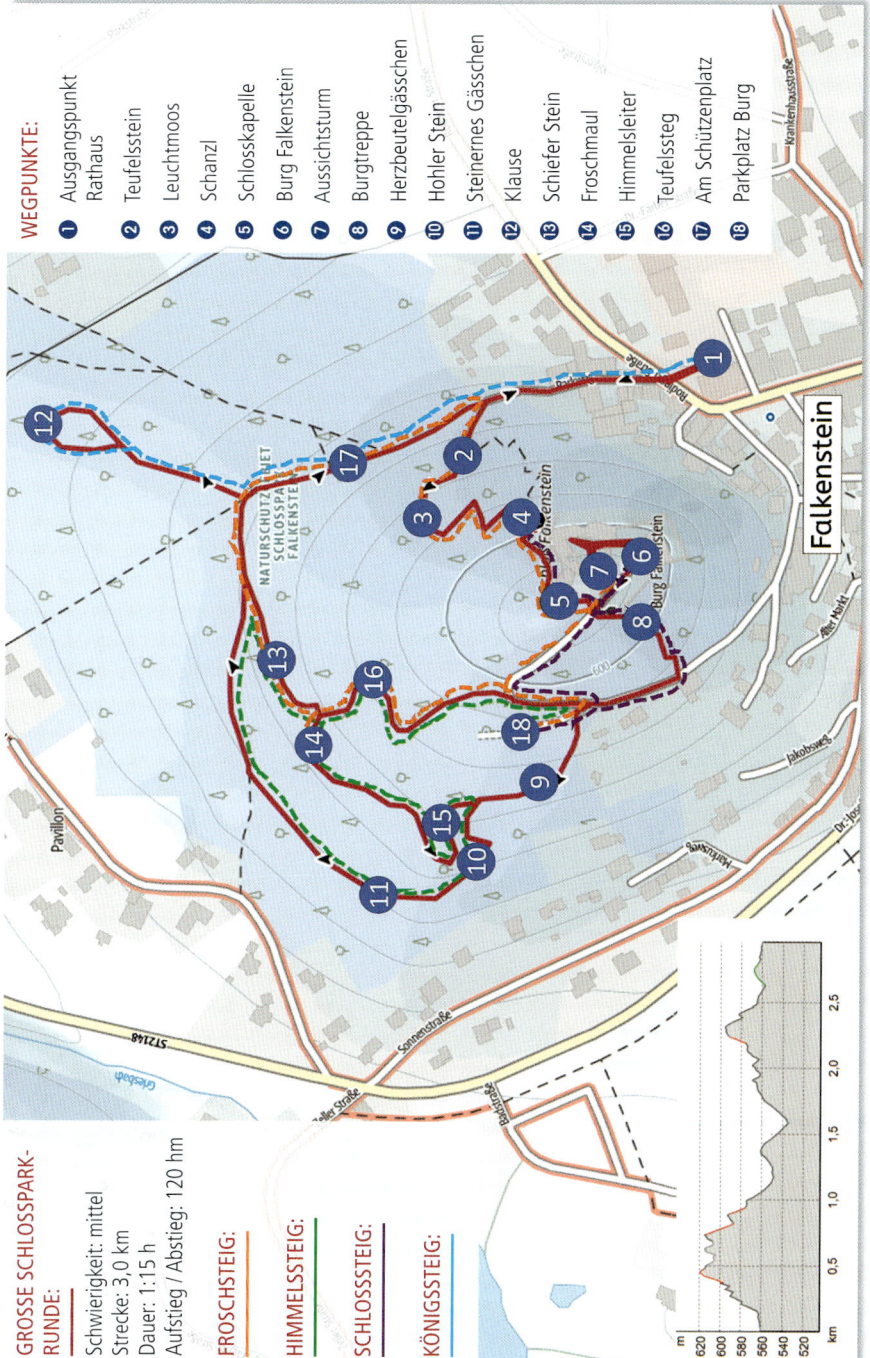

Tour 13 – **Adlmannstein-Runde**
Gemeinde Bernhardswald

Am Wolferszwinger Weiher

WEGBESCHREIBUNG:
Bernhardswald – Ellbachtal – Adlmannstein – Wolferszwinger Weiher – Einöde Bosruck – Bernhardswald

PARKEN:
TSV Bernhardswald Sportheim, Kreuther Str. 21, 93170 Bernhardswald

Diese Wanderung führt uns hinunter ins Ellbachtal, an der Veste Adlmannshof und am schönen Wolferszwinger Weiher vorbei.

Wegmarkierung:
Waldverein Regensburg „O74", „O14 Rechteck grün", die weiteren Wegmarkierungen sind „O67-rot" und „O17-grün".

Wir beginnen unsere Wanderung (Wegmarkierung O74) am Sportgelände und gehen rechts über die Siedlung Ziegelhäusl hinunter ins romantische Ellbachtal. Wir gehen oberhalb Ellbogen vorbei und durch den Wald. Jetzt geht es hinunter ins Tal und entlang am Bach Richtung Adlmannstein (ab Ellbogen Waldverein Regensburg / O14).
Dort angekommen besuchen wir die Veste Adlmannshof, diese wurde 1366 erstmals genannt. Man kann demnach annehmen, dass hier eine Niederungsburg bereits im 14. Jahrhundert erbaut wurde. (Castle Adlmannstein, Am Ellbach 5, 93170 Bernhardswald) Ab Adlmannshof: Waldverein Regensburg / O17.

Am Wanderweg O17   *Am Wanderweg Waldverein Regensburg / O67*

Veste Adlmannstein

Über (Wegmarkierung O17-grün) den Rudersdorfer Weg gehen wir rechts in Richtung Rudersdorf. Wir wandern vorbei und biegen links ins Auholz ab und kommen so zum Wolferszwinger Weiher (Wegmarkierung O67-rot). Hier angekommen spazieren wir entlang am Weiher der Angel- und Naturfreunde Rossbach-Wald. Kurz vor der Hütte biegen wir links ab und gehen zur Einöde Bosruck.

Über Wald und Wiesen geht es auf einem Naturweg Richtung Bernhardswald, bis wir auf die Bernhardswalder Straße kommen. Wir wandern dorfeinwärts am Kreisverkehr und am Gemeindezentrum vorbei und biegen anschließend links ab. Der Weg „Am Kamillenhof" führt uns zum Sportheim des TSV Bernhardswald zurück zum Ausgangspunkt.

Der Blick vom Ausgangspunkt Sportheim TSV Bernhardswald Richtung Lichtenberg

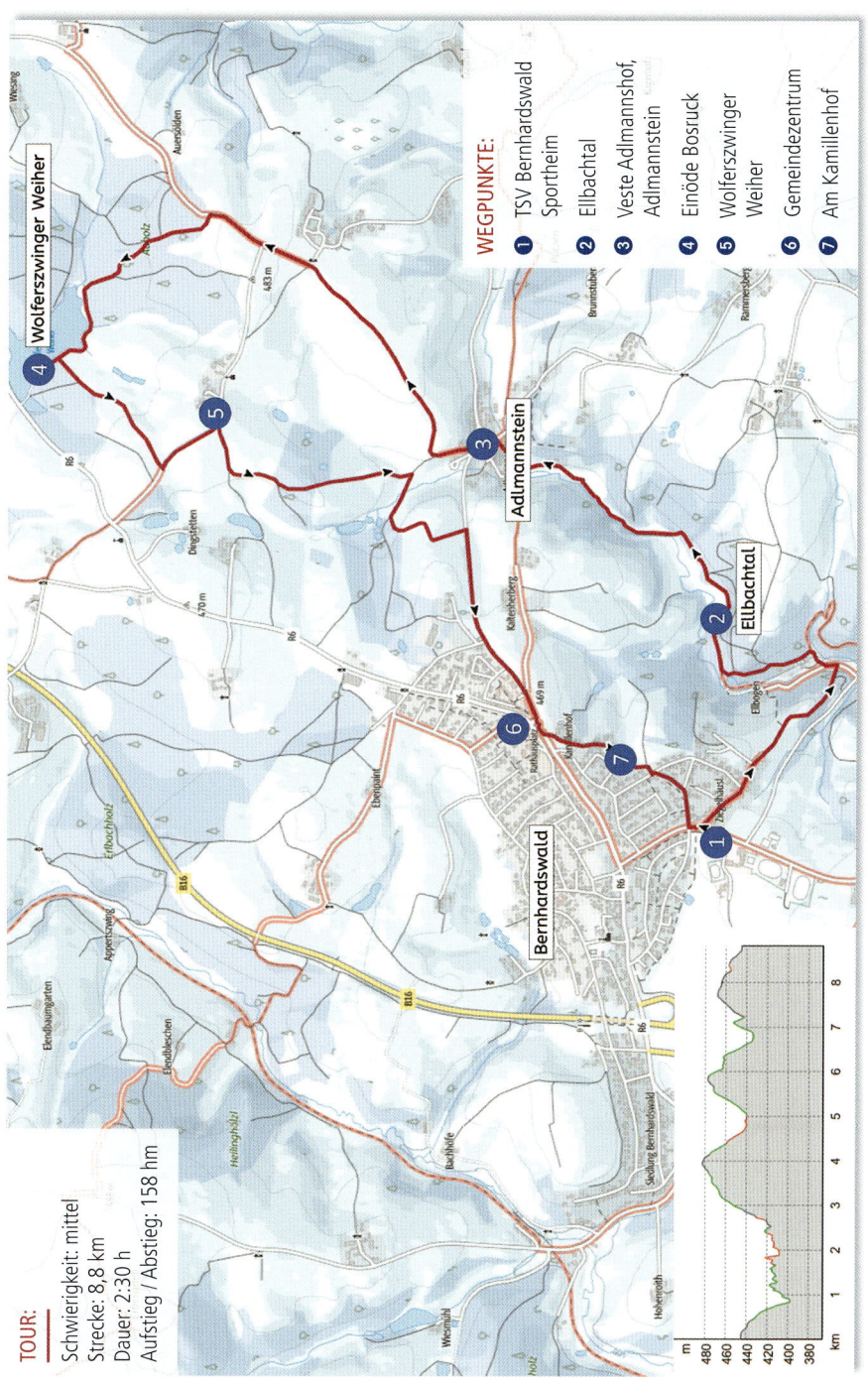

Tour 14 – **Otterbachtal-Runde**
Gemeinde Altenthann

Der Otterbach entspringt im Vorderen Bayerischen Wald am Zusammenfluss von Weismühlbach und Steinbach in Süssenbach. Er durchfließt zunächst Süssenbach, Forstmühle, Bruckhäusl, Unterlichtenwald und Hammermühle, um dann bei Sulzbach in die Donau zu münden. Der Sulzbach, der Karlswiesbach, der Himmelsmühlbach und der Starzenbach sind Nebenbäche des Otterbachs.

WEGBESCHREIBUNG:
Parkplatz der Eisstockbahn Altenthann – Weiherhaus – Ödgarten – Otterbachtal – Bruckhaus „Koreawirt" – Roidhof – Weihersölden – Burgstall Lichtenberg – Pielhof – Altenthann

PARKEN:
Stockbahn Altenthann,
Vorwaldstraße,
93177 Altenthann

Wir wandern auf überwiegend gut begehbaren Wegen durch das wildromantische Otterbachtal in der Gemeinde Altenthann. Bei Wanderern beliebt ist der Wanderweg zwischen Hammermühle und Forstmühle, der unmittelbar am Bach entlangführt.

Für die Koreawirt-Runde von Altenthann ist eine gute Grundkondition erforderlich.

Im Otterbachtal

Wir starten am Parkplatz der Eisstockbahn Altenthann und folgen der Beschilderung (grünes Dreieck) in südlicher Richtung. Am Dorfende geht es auf einem Feldweg (vorbei am Rosenhammerkreuz) nach Weiherhaus bis zur Teerstraße. Wir überqueren die Staatsstraße bei Ödgarten und wandern hinab zum Otterbachtal. Entlang des Otterbaches folgen wir dem Weg in Flussrichtung. Der Weg führt uns zum Bruckhaus „Koreawirt" im Tal.

oben:
Eine Herbstwanderung
im Otterbachtal
ist empfehlenswert

mittig:
Der Weg zum
Otterbachtal

links:
Am Bruckhaus
„Koreawirt"

WEGBESCHREIBUNG OTTERBACHTAL – ABKÜRZUNG:

Parkplatz der Eisstockbahn Altenthann – Weiherhaus – Ödgarten – Otterbachtal – Bruckhaus „Koreawirt" – Seehof – Altenthann

Bei der nächsten Brücke verlassen wir die Markierung und überqueren den Bach. Es geht bergauf. Wer eine Abkürzung nach Altenthann sucht, kann nach 50 Metern rechts abbiegen (über Seehof).

Wir bleiben auf dem Waldweg, überqueren beim Roidhof die Teerstraße und marschieren in Richtung Lichtenberg. Bis zum Ziel begleitet uns nun die Markierung des Burgensteig-Ritters. Zunächst geht es hinab ins Tal, zwischen zwei Weihern (bei Weihersölden) hindurch und wieder bergauf (festes Schuhwerk empfehlenswert).

In der Nähe der Kirche (hier befindet sich ein Burgstall, der auf eine ehemalige Wehranlage verweist) in Lichtenberg (Schlüssel auf dem Bauernhof erhältlich) stoßen wir auf eine schmale Teerstraße. Wir gehen rechts und halten uns an den nächsten zwei Gabelungen ebenfalls rechts in Richtung Altenthann. Nach der Abzweigung zum Berghof (wir halten uns rechts) kommt bald an der linken Seite ein Wäldchen. Etwa 50 Meter nach dem Waldanfang biegen wir links ab. Es geht bergab, ein kurzes Stück durch den Wald, zum Weiler Pielhof. Rechts kommen wir auf einem geteerten Wirtschaftsweg und der Vorwaldstraße nach Altenthann zurück.

oben: Herbstimpression Otterbach
mittig: Am Bruckhaus „Koreawirt"
unten: Burgstall Lichtenberg

Die Weiher bei Weihersölden

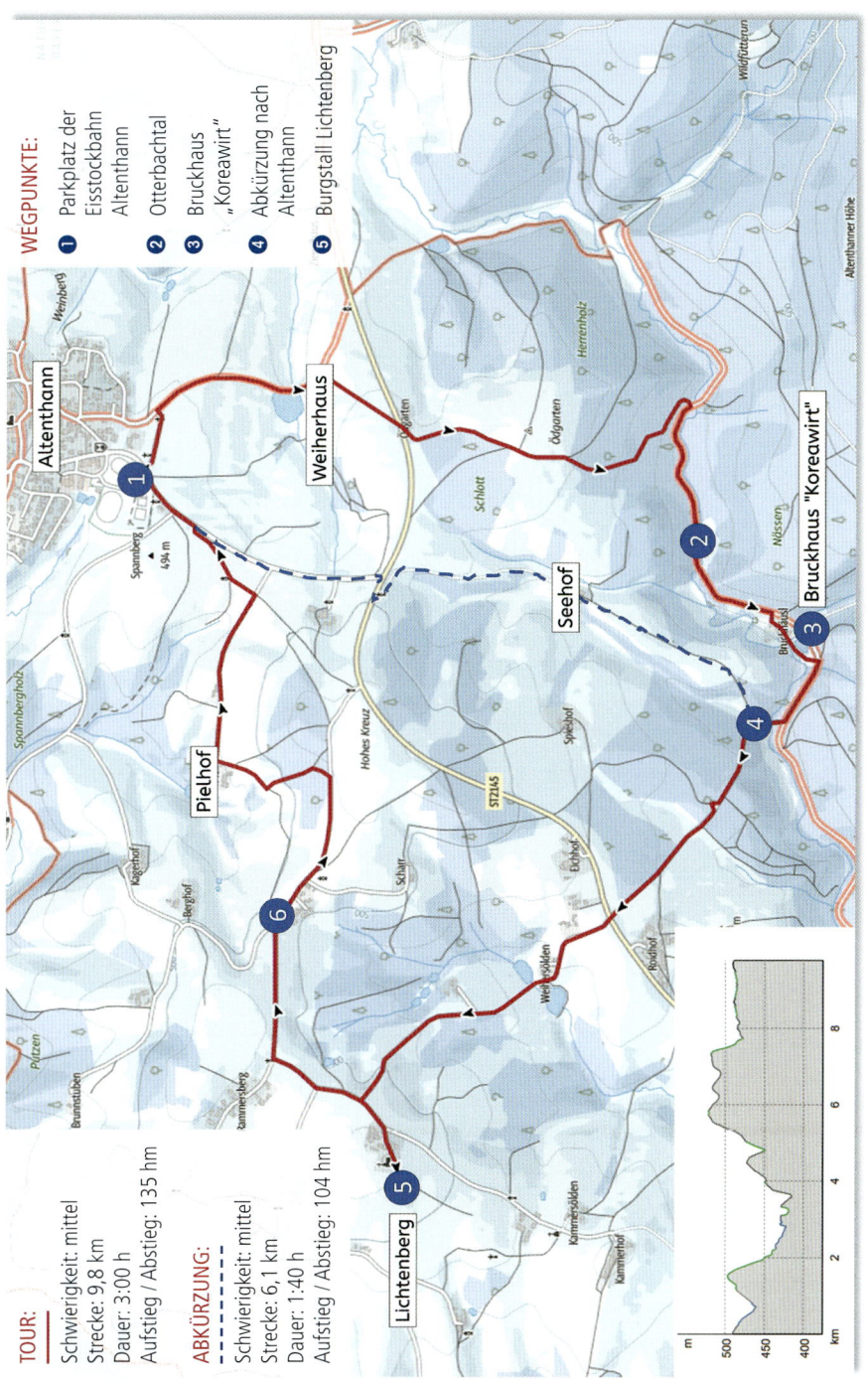

Tour 15 – „Höllen"-Runde
Gemeinde Rettenbach, Gemeinde Brennberg

WEGBESCHREIBUNG „FRANKENBERG":
Kapelle Frankenberg – Untereppenberg – Dosmühle – Höllbachtal – Dosmühle – Wernetsgrub – Untereppenberg – Oberer Eppenberg – Obereppenberg – Kapelle bei Frankenberg

PARKEN:
Bei der Kapelle Frankenberg, Frankenberg 1, 93179 Brennberg

Das Höllbachtal ist ein Naturschutzgebiet in Ostbayern. Der Höllbach, welcher sich durch das ganze Tal schlängelt, entspringt bei Wiesenfelden und mündet bei Wörth in die Donau. Das Höllbachtal zählt zu den beliebtesten Ausflugszielen des Vorderen Bayerischen Waldes und ist vor allem an den Wochenenden sehr gut besucht. Die kürzeste Wanderung beginnt von Postfelden, Gemeinde Rettenbach, mit ca. 5 km. Da dieser Wanderweg stark frequentiert ist, stehen in Frankenberg, Neustadl sowie in Brennberg weitere Parkplätze zur Verfügung.

An dieser Wegkapelle bei Frankenberg ist der Ausgangspunkt zur Hölle!

Der Weg führt uns ins Höllbachtal

Hier kommen wir zurück zum Ausgangspunkt

Wir wandern von der Ortschaft Frankenberg ins Höllbachtal. Von unserem Parkplatz an der Wegkapelle Frankenberg wandern wir vorbei an Untereppenberg und durch Dosmühle hindurch. Angekommen in der Hölle, gehen wir einen schönen und gemütlichen Rundweg stromaufwärts am Höllbach entlang. Es geht immer leicht bergauf und nach kurzer Zeit sehen wir schon die beeindruckenden Felsen.

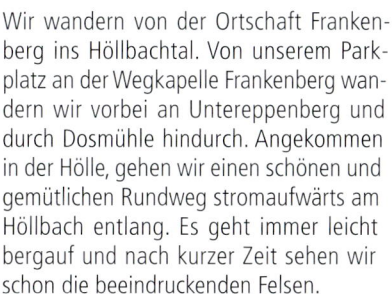

Im Höllbachtal

Bei gutem Wetter kann auf diesen herumgeklettert werden. Deshalb ist das Höllbachtal vor allem im Frühling und Sommer auch ein beliebtes Ausflugsziel für Familien mit Kindern. Bald führt der Pfad dann wieder aus dem Wald hinaus, und nach kurzer Zeit gelangen wir wieder auf die Straße, die dann wieder hinunter nach Dosmühle führt. Hier ist auch der Ausgangspunkt von Postfelden.

Es geht nun wieder hinauf und vorbei an Wernetsgrub. Wer jetzt etwas weiter wandern möchte, kann von Wernetsgrub Richtung Burgruine Brennberg und anschließend über Schwaig zurück nach Frankenberg gehen.

Das Höllbachtal ist ein beliebtes Ausflugsziel am Wochenende für Familien mit Kindern …

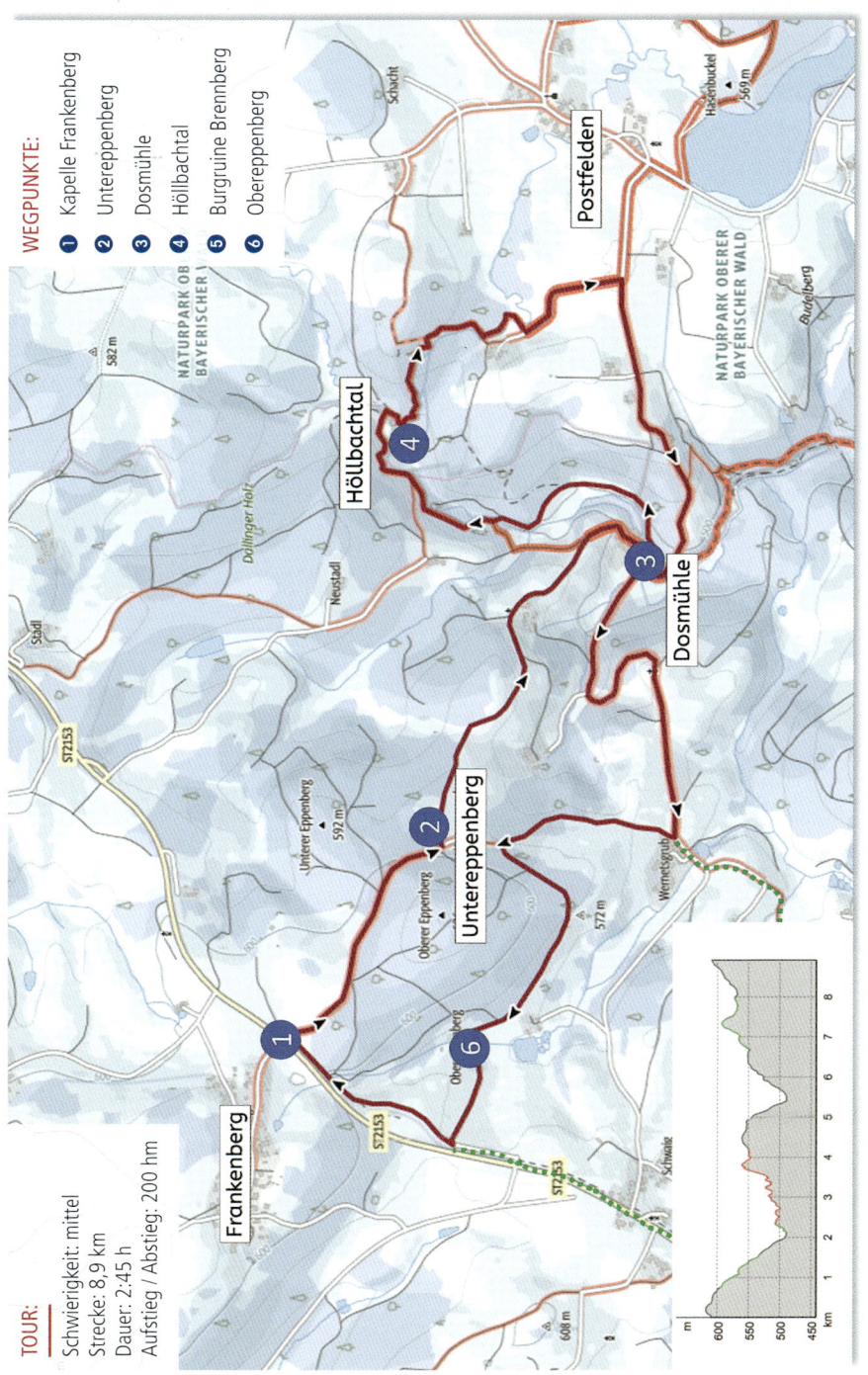

Der Höllbach

Hier besteht die Möglichkeit, einen Abstecher auf die Brennberger Burg zu unternehmen, von der ein wunderbarer Ausblick auf den Bayerischen Wald möglich ist. Dafür müssen allerdings 5 km oder mindestens eine Stunde zusätzliche Gehzeit eingeplant werden. Ohne diesen Abstecher geht der Weg weiter von Wernetsgrub nach Untereppenberg. Kurz vor Untereppenberg biegen wir links ab, umrunden den Oberen Eppenberg (636 m) und kommen in ein schönes Tal nach Obereppenberg. Nach 100 Metern biegen wir rechts ab und gehen Richtung Ausgangspunkt zur Kapelle Frankenberg.

„Postfelden – Höllen-Runde": Wir wandern vom Wanderparkplatz Postfelden, Gemeinde Rettenbach, direkt in die Hölle. Die angenehmste Tour mit Kindern und der kürzeste Weg.

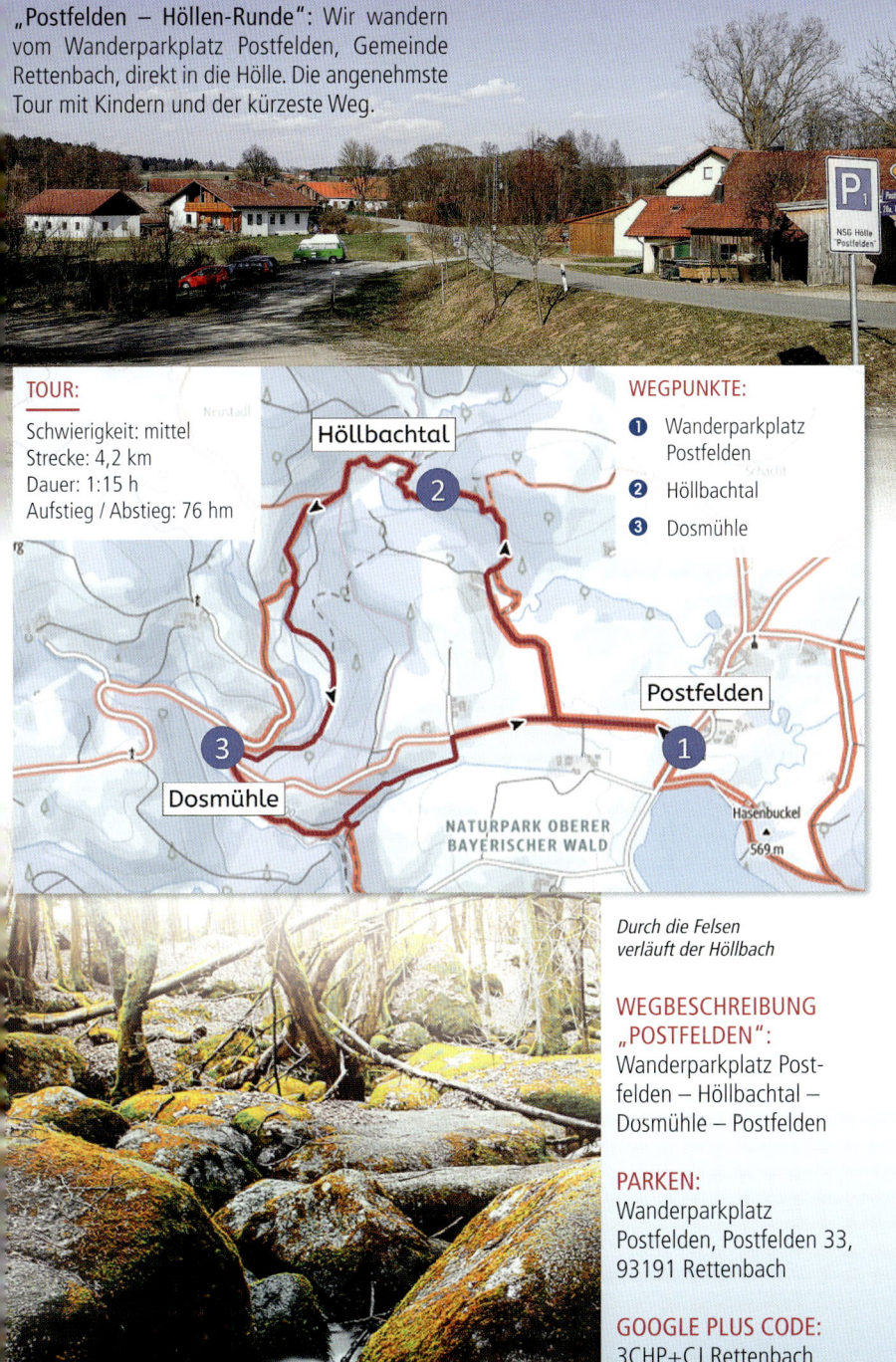

TOUR:
Schwierigkeit: mittel
Strecke: 4,2 km
Dauer: 1:15 h
Aufstieg / Abstieg: 76 hm

WEGPUNKTE:
1. Wanderparkplatz Postfelden
2. Höllbachtal
3. Dosmühle

Durch die Felsen verläuft der Höllbach

WEGBESCHREIBUNG „POSTFELDEN":
Wanderparkplatz Postfelden – Höllbachtal – Dosmühle – Postfelden

PARKEN:
Wanderparkplatz Postfelden, Postfelden 33, 93191 Rettenbach

GOOGLE PLUS CODE:
3CHP+CJ Rettenbach

"Stadl – Höllen-Runde": Falls Sie spontan eine Tour in die Hölle planen, wäre auch die Tour über Neustadl eine Alternative.

Große Felsen und schöne Wasserfälle

TOUR:
Schwierigkeit: mittel
Strecke: 6,4 km
Dauer: 1:50 h
Aufstieg / Abstieg: 151 hm

WEGPUNKTE:
1. Wanderparkplatz Stadl
2. Neustadl
3. Höllbachtal

WEGBESCHREIBUNG „NEUSTADL":
Wanderparkplatz Stadl – Neustadl – Höllbachtal – Wanderparkplatz Stadl

PARKEN:
Wanderparkplatz Stadl, St2153, 93179 Brennberg

GOOGLE PLUS CODE:
3CR7+R5 Brennberg

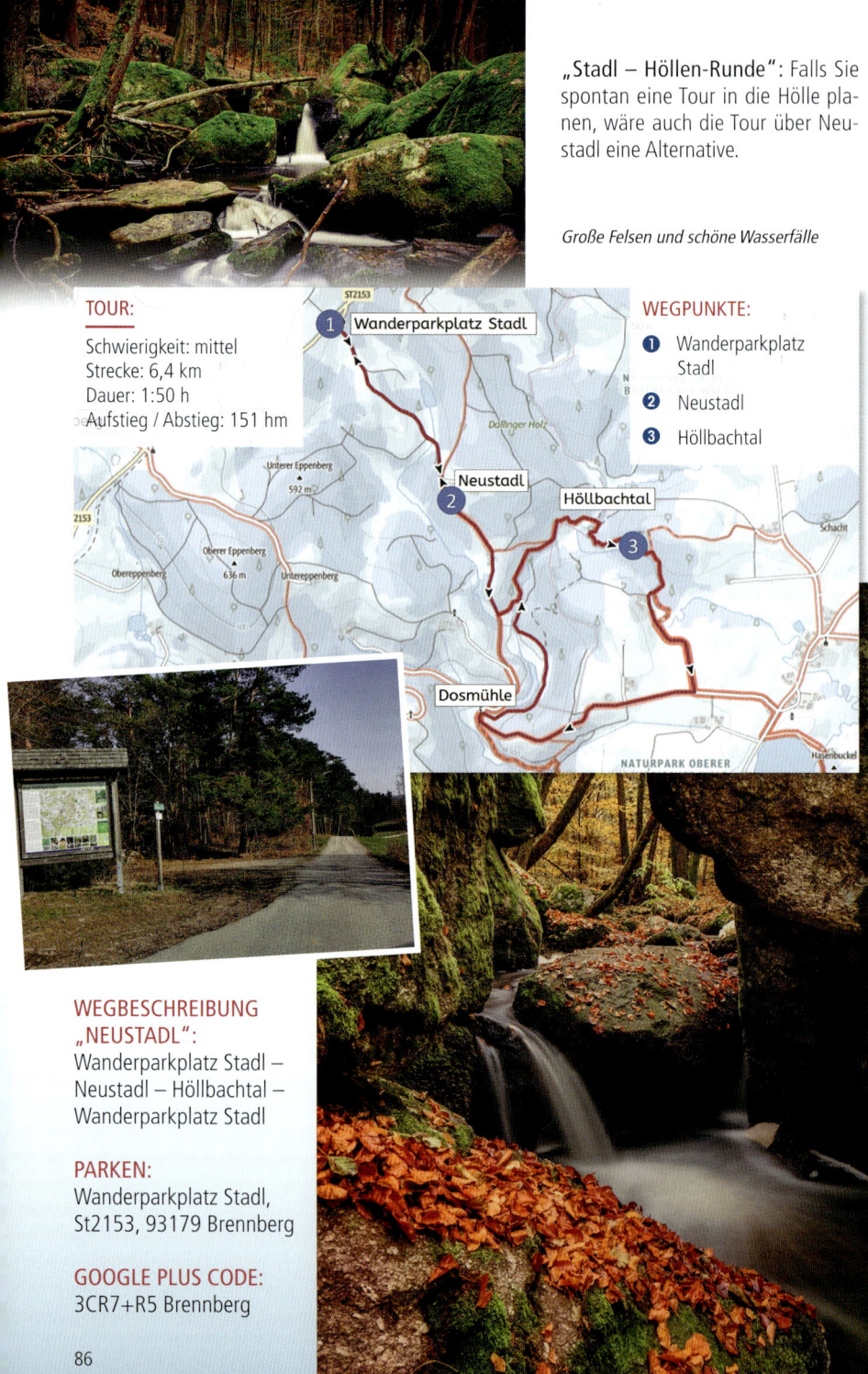

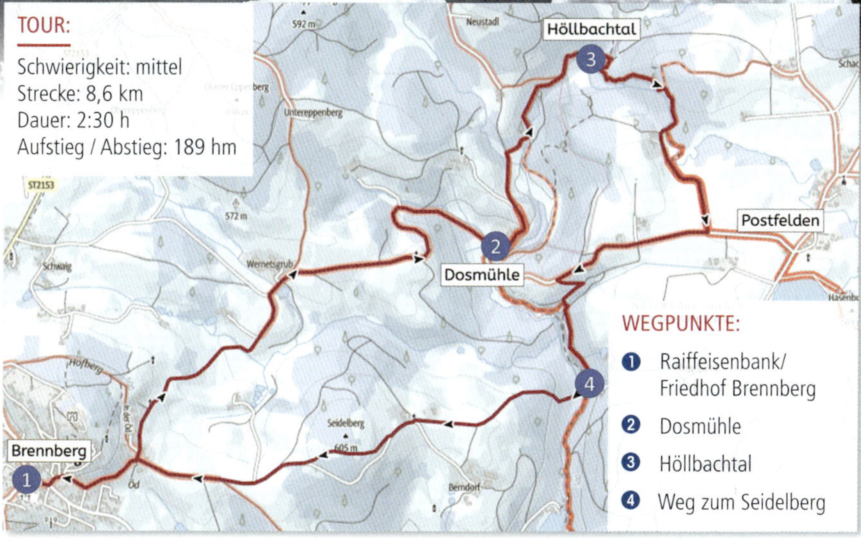

TOUR:

Schwierigkeit: mittel
Strecke: 8,6 km
Dauer: 2:30 h
Aufstieg / Abstieg: 189 hm

WEGPUNKTE:

1. Raiffeisenbank/ Friedhof Brennberg
2. Dosmühle
3. Höllbachtal
4. Weg zum Seidelberg

„Brennberg – Höllen-Runde": Falls Sie bereits auf der Burgruine Brennberg sind und eine längere Wanderung planen, dann geht es von dort ins Höllbachtal.

Zur jeder Jahreszeit ist die Hölle wunderschön

WEGBESCHREIBUNG „BRENNBERG":

Brennberg Ausgangspunkt – Wernetsgrub – Dosmühle – Höllbachtal – Panoramablick – Seidelberg (605 m) – Brennberg

PARKEN:

Raiffeisenbank / Friedhof, Höllbachstraße 2, 93179 Brennberg (594 m)

Tour 16 – **Burgruinen-Runde**
Gemeinde Brennberg

Abendlicher Burgruinen-Blick

WEGBESCHREIBUNG:
Raiffeisenbank – Burgruine Brennberg – Aussichtsturm – Gasthaus Zur Burg – Raiffeisenbank

PARKEN:
Raiffeisenbank / Friedhof, Höllbachstraße 2, 93179 Brennberg (594 m)

Wanderung zum Aussichtsturm und zur Burgruine Brennberg mit herrlichem Blick in den Vorderen Bayerischen Wald und das Mittelgebirge Bayerischer Wald. Die Burgruine Brennberg liegt mitten im Dorf und ist jederzeit frei zugänglich. Der aus Holz errichtete Aussichtsturm bietet einen herrlichen Blick, bei günstigem Wetter sogar bis zu den Alpengipfeln. Die Burgruine steht auf einem 653 Meter hohen Granitfelsen. Der älteste Teil der Burg, der romanische Bergfried und das Wohnhaus, stammen aus dem 11. Jahrhundert.

Der Ausblick vom Aussichtsturm in den Gäuboden

Es gibt viele Möglichkeiten zur Burgruine zu gelangen. Die schönste und kürzeste ist an der Kirche St. Rupert vorbei und über den Staufferweg nach unten. Einen Zwischenstopp kann man im Gasthaus Zur Burg, St.-Rupert-Straße 3, 93179 Brennberg, einlegen.

Am Aussichtsturm der Burgruine

Der Weg von Brennberg hoch zur Burgruine

AUTORENTIPP:
Falls Sie eine längere Wanderung planen, empfehlen wir Ihnen das Höllbachtal (s. S. 80). Von der Burgruine aus sollten wir ca. 8 km und 2,5 Stunden Gehzeit einplanen.

links:
Der ehemalige Eingang

rechts:
An der Burgruine

Panoramaweg Brennberg: Der ausgeschilderte und schöne Panoramaweg mit einer Länge von 5,9 km ist sehr empfehlenswert. Sehenswürdigkeiten sind auf diesem Rundweg der Ausblick in alle vier Himmelsrichtungen, das Brennberger Weiderind, die Mariahilf-Kapelle und die Pfarrkirche St. Rupert.

Der Weg zum Aussichtsturm, auch bei Frost und Nebel hat die Burgruine etwas Besonderes

Die Überreste der Burgruine Brennberg. Im Hintergrund der Aussichtsturm

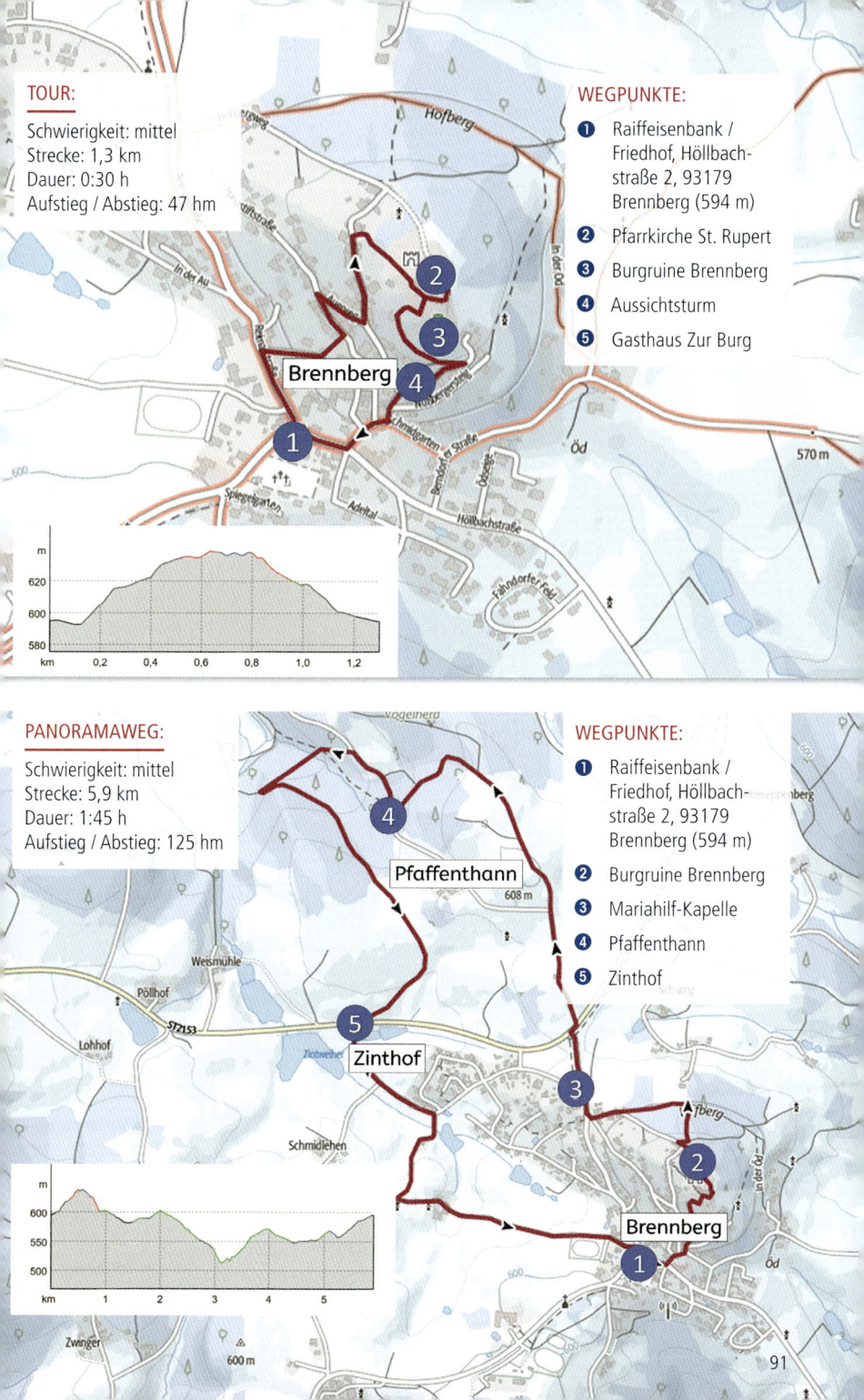

Tour 17 – Röhrenhof Mühlenwanderung

Gemeinde Rettenbach, Brennnberg und Wiesent

Wenn man leise ist im Höllberg-Forst (Nähe Höllmühle und Hammermühle), kann man Wildtiere beobachten

WEGBESCHREIBUNG:
Hofstube Röhrenhof – Fahnmühle – Höllmühle – Hammermühle – Haslhof – Zumhof – Röhrenhof

PARKEN:
Hofstube Röhrenhof,
Röhrenhof 1,
93191 Rettenbach

Ein schöner Rundweg von der Hofstube Röhrenhof zu den alten Mühlen in der Gemeinde Brennberg. Der Wanderweg verläuft überwiegend im Wald, über kurze Abschnitte auch auf schmalen Pfaden am idyllischen und ruhigen Höllbachtal.

links:
An der Hofstube Röhrenhof – Der Weg führt uns ins Höllbachtal

rechts:
An der Fahnmühle

Wir beginnen an der Hofstube Röhrenhof und wandern mit der kürzesten Strecke zum Höllbach. Dieser Weg geht hinter der Hofstube Röhrenhof entlang in den angrenzenden Wald. Nach 800 m sind wir am Höllbach angelangt. Wir biegen links ab auf den Goldsteig-Wanderweg. Der rechte Weg mündet in die „Hölle".

Unser Weg führt uns flussabwärts am Ausgleichbecken entlang. Die Fahnmühle ist eine ehemalige Getreidemühle am Höllbach. Im Jahr 1805 gehörte der Ort zur Herrschaft Unterbrennberg und seit 1818 zur Gemeinde Brennberg. Das Mühlenanwesen war drei Generationen lang im Besitz der Familie Groß, die mit der Ablösung durch das Mühlengesetz von 1957 die Müller-Tätigkeit einstellte. Der heute noch bestehende Mühlgraben zweigt etwa 450 Meter oberhalb der Mühle vom Höllbach ab und liegt am westlichen Talrand.

Wir folgen weiterhin dem Goldsteigweg bis zur Straße und biegen rechts in einen Forstweg ab und kommen an einem weiteren Ausgleichbecken vorbei. Weiter geht es zur Höllmühle.

An der Hofstube Röhrenhof

Der Weg von Röhrenhof zur Fahnmühle

An der Höllmühle

Die Höllmühle, das sind Mühlengebäude aus dem 17. Jahrhundert. Ein Ort zum Aussteigen bzw. Einsteigen in das Leben von und mit der Natur. Dr. Eberhard Klein entdeckte die Höllmühle und renovierte sie. Der Völkerkundler, Soziologe und Landwirtschaftsmeister führte 42 Jahre den Biobauernhof. Seit 2009 leben und bewirtschaften sein Sohn Carl Olaf Klein und dessen Frau Berit Proctor den Hof. Eine Ferienwohnung befindet sich im Seitengebäude der Mühle. Bis zu 12 Personen können hier übernachten. Olaf Klein ist außerdem Steinmetz- und Bildhauermeister, staatlich geprüfter Techniker und Gestalter im Handwerk. Im Sommer finden in der Haubude Bildhauerkurse statt. Bei Interesse kann man sich dort gerne melden: www.hoellmuehle.eu.

Durch das verengte Tal am Goldsteigzubringer „Höllbachtal" wandern wir bis zur Hammermühle. Die Hammermühle ist etwas versteckt und unbekannter, aber ebenso sehenswert.

Hier wenden wir und verlassen den Höllbach. Wir biegen rechts ab und folgen dem Weg hinauf Richtung Haslhof. Kurz vor Haslhof biegen wir links ab. Wir folgen dem linken Weg und wandern zur Hohen Ecke (600 m). Kurz vor einem Weiher gehen wir links hinauf Richtung Zumhof. Wenn wir durch die Ortschaft hindurchgewandert sind, haben wir oberhalb eine herrliche Aussicht Richtung Donautal. Es geht kurz durch den Wald auf einem Pfad und wir sehen links unten wieder unseren Ausgangspunkt, die Hofstube Röhrenhof.

Am zweiten Ausgleichbecken Fahnmühl

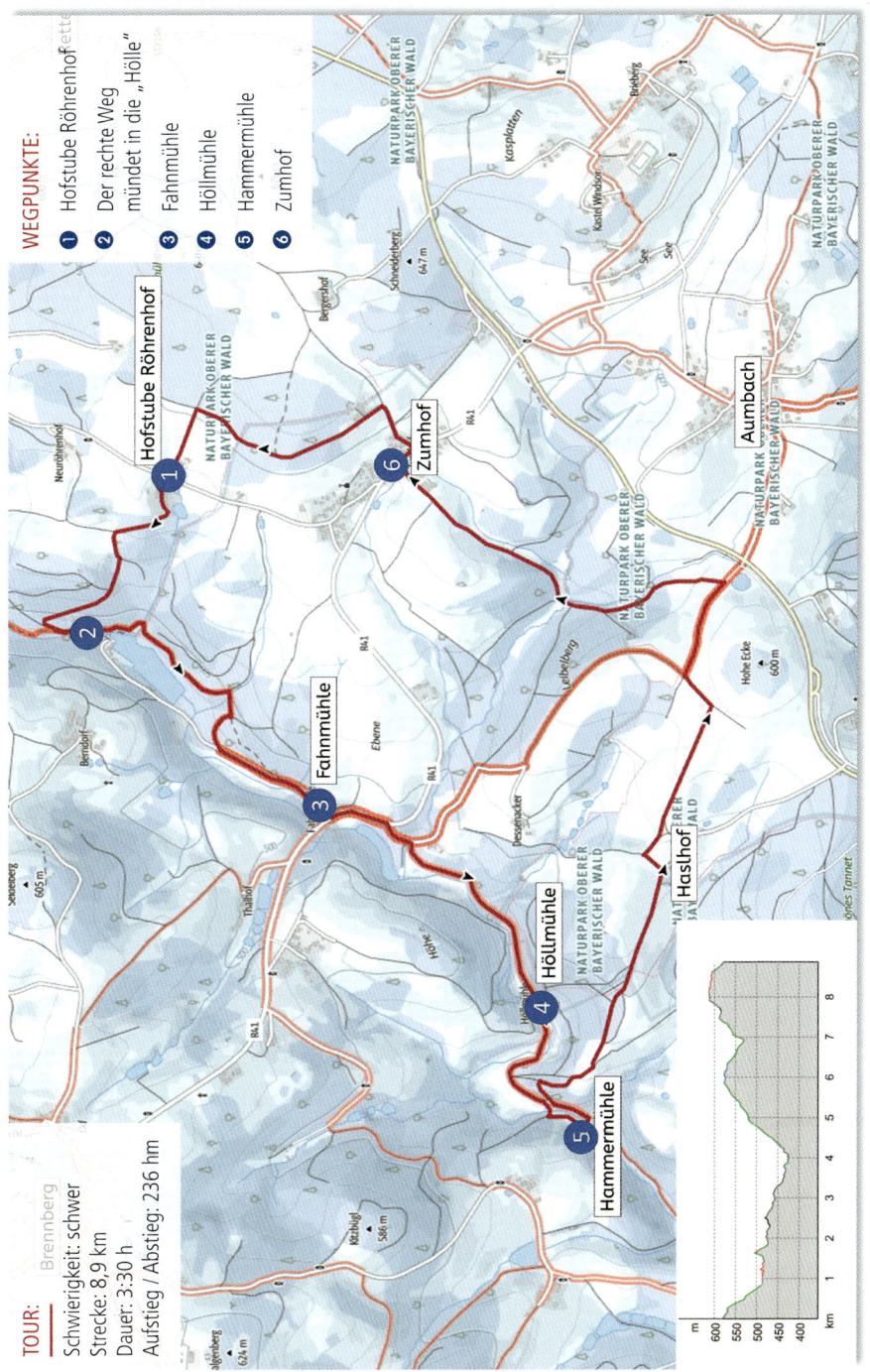

Tour 18 – **Tannerl-Rundweg**
Gemeinde Rettenbach

Am Rettenbacher Stausee

WEGBESCHREIBUNG:
Übersichtstafel Parkplatz Rettenbach – Ruderszell – Tannerlkapelle – Damwild-Gehege – Stausee – Rettenbach

PARKEN:
Parkplatz, Dorfstraße 14, 93191 Rettenbach

Die Gemeinde Rettenbach ist ein Wanderparadies im Vorderen Bayerischen Wald, wo wir die schönsten Fleckerl entdecken können. Die Wanderung geht von Rettenbach aus nach Ruderszell, anschließend zur Tannerl-Kapelle, zurück über Holzmühle am Damwild-Gehege und am Stausee vorbei.

Wanderweg-Markierung: Wilder Mann 151 (Rb01)

Die Rettenbacher Brille

Wir beginnen unsere Wanderung auf dem Parkplatz am Ortseingang von Rettenbach. Wir marschieren ein Stück durch den Ort über die „Rettenbacher Brille"-Brücke in Richtung Ruderszell am Wanderweg entlang der Staatsstraße.
Kurz vor Ruderszell biegen wir links ab über die Staatsstraße. Man kann aber auch auf einem Naturweg geradeaus gehen. Unser Weg geht über Ruderszell und wir kommen an der Obst-Kelterei Falter vorbei. Dort werden mit einer mobilen Hightech-Anlage Äpfel und Birnen zu hochwertigem Saft verarbeitet. Durch den schönen kleinen Ort geht es nun gerade über die Straße und in den Wald. So gelangen wir zur Tannerlkapelle. Die Wallfahrtskirche Tannerl ist eine geweihte Kapelle aus dem 17. Jahrhundert. Nach einer kurzen Pause marschieren wir weiter in Richtung Holzmühle. An einem schönen Weiher biegen wir rechts ab. Nach etwa einem Kilometer endet der Wald

oben:
Bei Holzmühle, die Wegbeschreibung

unten:
Die Wallfahrtskirche Tannerl

und schon bald können wir Häuser und die Kirche von Rettenbach sehen. Es geht weiter am Waldrand entlang, dann nach links und im weiten Rechtsbogen auf dem Feldweg hinunter zum Stausee.

Am Stausee kann man den ersten Weg nach einem Hof nehmen, um direkt dorthin zu gelangen. Bei Niedrigwasser sehen wir dort die herrlichen Baumwurzeln, die meist im Wasser versteckt sind. Etwas weiter in Richtung Rettenbach kommen wir noch am Damwild-Gehege und am Staudamm vorbei.

Nun geht es in den Ort Rettenbach hinein, wo alte Häuser, der romantische Bachlauf und die große Pfarrkirche St. Laurentius auffallen. Es gibt zwei empfehlenswerte Dorfgaststätten: Zum Alten Wirt mit Musikantenstammtisch an jedem ersten Sonntagnachmittag im Monat sowie der Rettenbacher Hof.

oben:
Am Damwild-Gehege

mittig:
Die Pfarrkirche
St. Laurentius

unten:
Am Rettenbacher
Stausee

Tour 19 – **Ebersroith, Am Ameisenbuckel**
Gemeinden Rettenbach, Falkenstein und Wiesenfelden

Morgens auf der Heide …

WEGBESCHREIBUNG:
Filialkirche St. Nikolaus, Ebersroith – kleine Heide – Erpfenzell – Ameisenbuckel – Höhenberg – Aschau – große Heide – Ebersroith

PARKEN:
Wanderparkplatz Ebersroith 819, 93191 Rettenbach

GOOGLE PLUS CODES:
3FCJ+CR Rettenbach

Wir starten in Ebersroith, Gemeinde Rettenbach, und kommen zur kleinen und großen Heide, nach Erpfenzell, am Ameisenbuckel und am Höhenberg (687 m) vorbei. Auf einer Hochebene des Falkensteiner Vorwaldes geht es entlang an schönen Feldern, Wiesen und Wäldern.

Wir parken in Ebersroith am Wanderparkplatz und gehen anschließend zur Filialkirche St. Nikolaus. Die kleine und schöne Kirche mit Chorflankenturm und Zwiebelhaube wurde um 1700 erbaut.
Wir wandern im Ort Richtung Arrach und biegen kurz vor Ortsausgang rechts ab. Vorbei an der Siedlung geht es zur kleinen Heide und wir kommen schon bald zum Arracher Bach, den wir überqueren. Die Landschaft ist flach, mit schönen Wiesen und Feldern.
An einem Weiher gehen wir links vorbei und kommen zur Einöd Elendhof. Wir biegen nochmals links ab und folgen den Naturweg zum Einöd Arhalm. Nun halten wir uns rechts und wandern auf der Teerstraße entlang.

An der Filialkirche St. Nikolaus

Am Wanderparkplatz Ebersroith

Erpfenzell

Die Nebenkirche Hl. Familie in Erpfenzell

Am Ameisenbuckel

Wir überqueren die Staatsstraße und folgen den Feldweg. Wir biegen zweimal rechts ab und kommen so nach Erpfenzell, Marktgemeinde Falkenstein.

Wir biegen links ab und wandern am Feuerwehrhaus und an der Nebenkirche Hl. Familie vorbei. Kurz vor Ortsende wenden wir uns nach rechts in einen Naturweg.

Wir spazieren zwei Kilometer geradeaus und kommen zum Hügel Ameisenbuckel (615 m). An diesem gemütlichen und idyllischen Ort finden wir zahlreiche „Ameisenhaufen" und zwei kleine Weiher.

Wir halten uns rechts und gehen vorbei an Höhenberg, Gemeinde Wiesenfelden, und hinein in den Höhenberger Forst. Das Dorf liegt knapp einen Kilometer östlich des namengebenden Höhenbergs (678 m).

Wir wenden uns nach rechts und wandern zur Einöd Aschau hinunter. Wir kommen vorbei an der großen Heide, sehen schöne Wiesen, Felder und unzählige Blumen am Straßenrand. Vor uns entdecken wir bereits Ebersroith mit der Filialkirche St. Nikolaus. Wir wandern hinein, betrachten noch ein altes Bauernhaus und kommen wieder zum Ausgangspunkt.

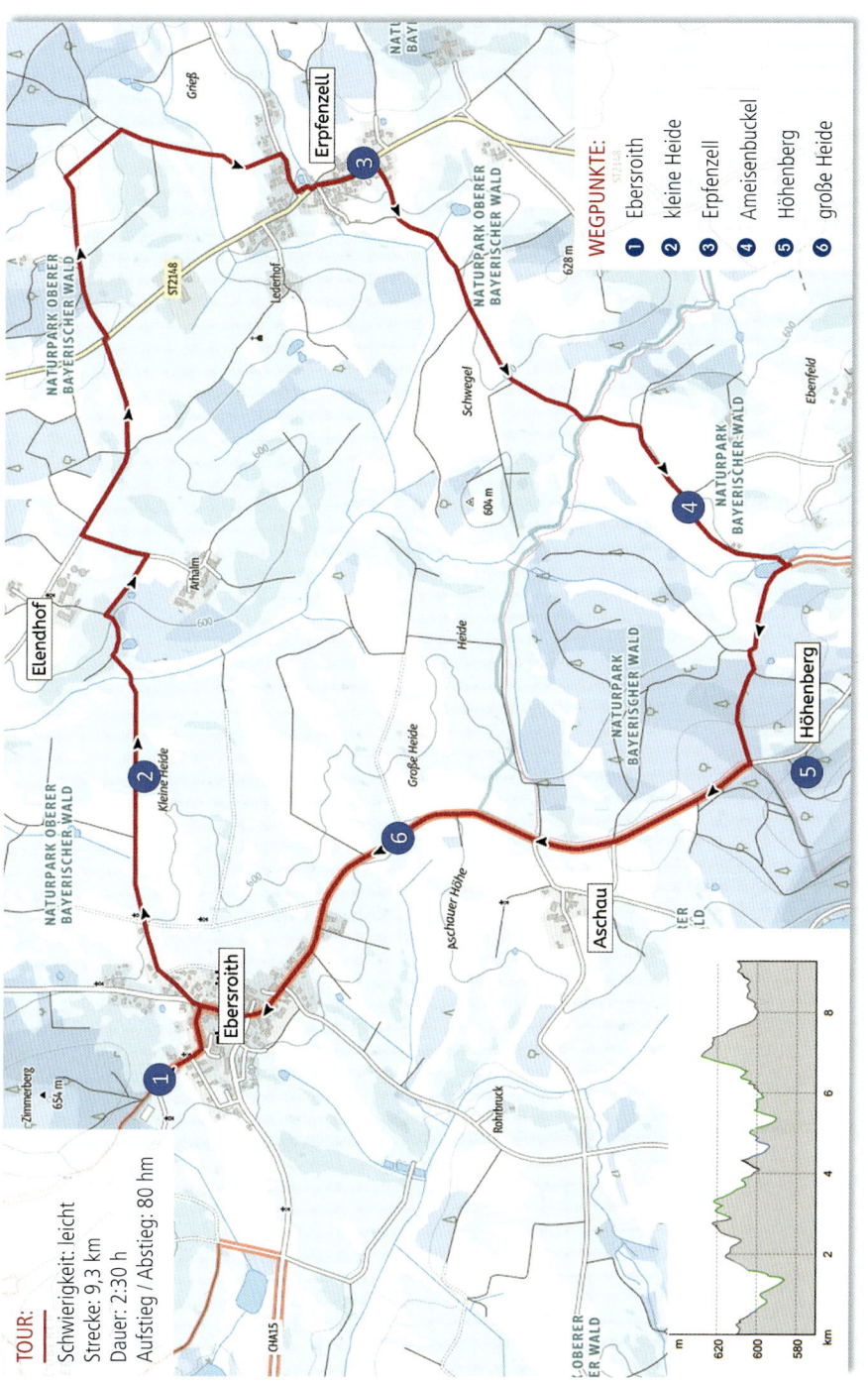

Tour 20 – Bayerwald-Panorama-Wanderung
Gemeinde Wiesenfelden, Michelsneukirchen

Altenhofstetten, mit Blick auf den Hohen Bogen

WEGBESCHREIBUNG:
Kirche Expositur „St. Michael" Zinzenzell – Aussichtspunkt „Zinzenzell Kammerlsperg" – Einöd Bleichhaus – Kleingeraszell – Altenhofstetten – Kapelle im Wald – Kothmühl – Rupertshof – Hochriedholz – Hochried – Ausgangspunkt Zinzenzell

PARKEN:
Raiffeisenbank, Zirnberger Str. 3, 94344 Wiesenfelden

Innerhalb dieser Tour wandern wir frühmorgens zu einem Sonnenaufgang, welcher sich garantiert lohnen wird. Wir starten in Zinzenzell, Gemeinde Wiesenfelden, und folgen dem Bayerwald-Panoramaweg. Es gibt herrlich schöne Ausblicke auf die Tausender des Bayerischen Waldes.

Wanderweg Markierung: Gemeinde Wiesenfelden (13) / Gemeinde Michelsneukirchen (Mn9) / Naturpark Bayerischer Wald – Wanderweg: 3

Panoramablick-Zinzenzell

Wir parken an der Raiffeisenbank neben der Kirche Expositur „St. Michael" Zinzenzell und gehen an der Zirnberger Straße ortsauswärts, mit der Wanderweg-Nummer 13, entlang. Es geht links hoch in die Kieselhausstraße, so kommen wir zum Aussichtspunkt „Zinzenzell Kammerlsperg". Uns erwartet eine herrliche Aussicht auf Zinzenzell und den Bayerischen Wald Richtung Sankt Englmar.

Unser Weg führt uns nach Weiherhaus und auch nach Bleichhaus. Am Einöd Bleichhaus können wir die Bisons sehen. Wir halten uns an der Staatsstraße rechts und gehen in den Wald Richtung Kieselhaus. Wir biegen links ab und erreichen die Gemeinde Michelsneukirchen.

Unser nächstes Ziel ist Kleingeraszell, hierzu biegen wir links ab und wandern bergauf Richtung Altenhofstetten. An der Staatsstraße angekommen, folgen wir dem Naturweg rechts neben der Straße weiter.

oben:
Im Wald Nähe
Kieselhaus

links:
Am Einöd
Bleichhaus können
wir die Bisons sehen

Kapelle, die sich im Wald befindet

Am Wanderweg Mn9, Nähe Kothmühl

In Altenhofstetten überqueren wir die Straße und wandern am Wanderweg Mn9 weiter. Von nun an würde es sich sehr lohnen, öfter den Blick nach rechts zu wenden, da wir einen atemberaubenden Blick auf den Hohen Bogen, Großer Arber und viele weitere Bayerwaldberge haben. Wenn wir der Staatsstraße weiter gerade entlang folgen, kommen wir zu einer Kapelle, die sich im Wald befindet. Dort lädt eine Sitzbank zum Verweilen ein. An der Waldkapelle können wir wieder einen traumhaften Blick in den Bayerischen Wald genießen. Nach einer Pause bestreiten wir den Naturweg zurück bis Altenhofstetten und biegen links ab nach Reichersdorf, anschließend rechts zur Kothmühl.

An Kothmühl vorbei geht es links zum Rupershof hinauf, dort wandern wir mithilfe des „Naturpark Bayerischer Wald"-Wanderweges 3 zum Ruppertsberg (645 m). Im Hochriedholz kommen wir zum höchsten Punkt unserer heutigen Wanderung mit 719 m. Wir wandern an Einöd Hochried sowie Kagerhof vorbei und sehen bereits unseren Ausgangspunkt Zinzenzell.

Die Wegkapelle zwischen Kothmühl und Rupertshof

Kleingeraszell mit Blick auf den Großen Arber und alle weiteren Bayerwaldberge

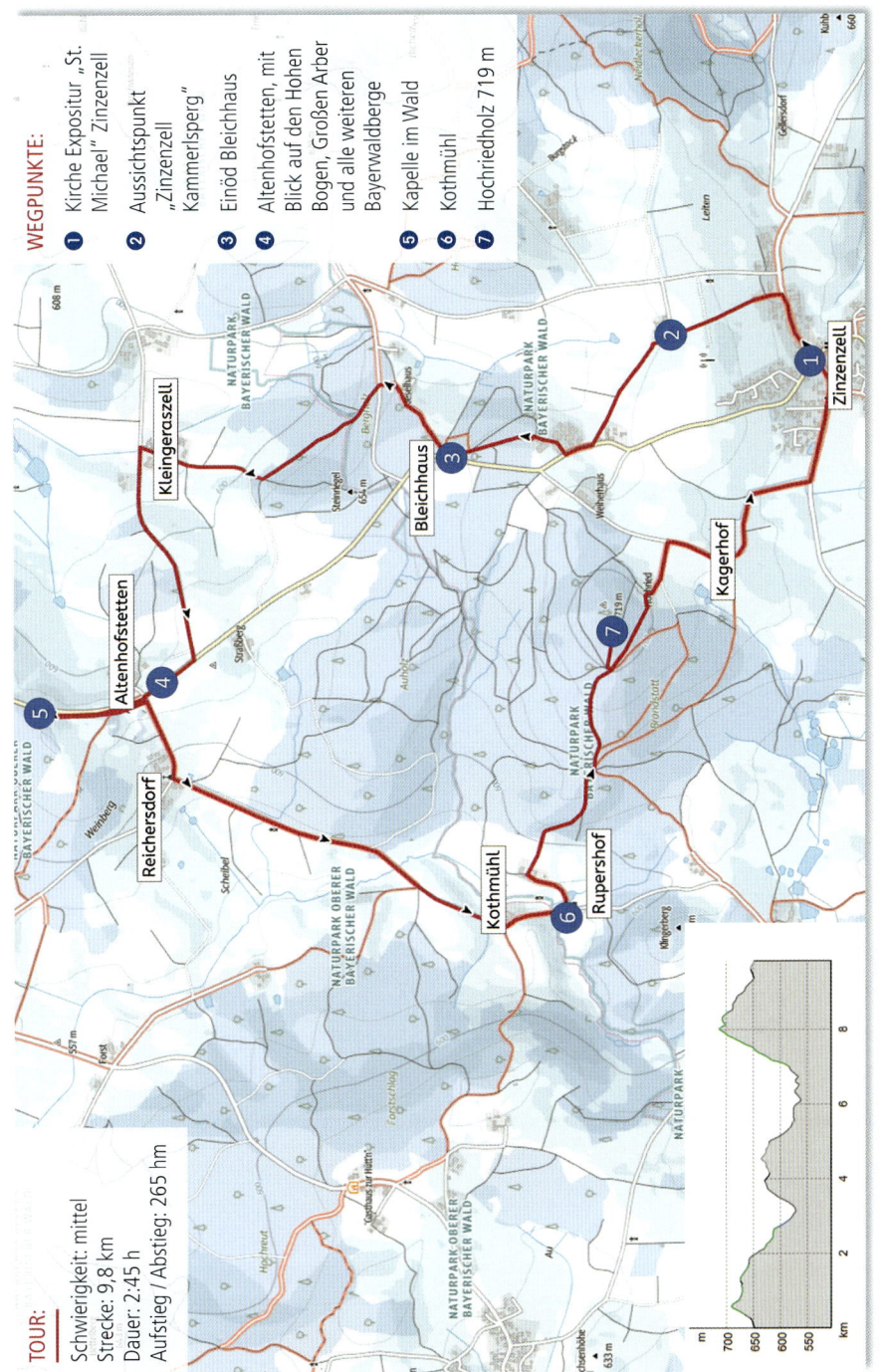

WEGPUNKTE:

1. Kirche Expositur „St. Michael" Zinzenzell
2. Aussichtspunkt „Zinzenzell Kammerlsperg"
3. Einöd Bleichhaus
4. Altenhofstetten, mit Blick auf den Hohen Bogen, Großen Arber und alle weiteren Bayerwaldberge
5. Kapelle im Wald
6. Kothmühl
7. Hochriedholz 719 m

TOUR:

Schwierigkeit: mittel
Strecke: 9,8 km
Dauer: 2:45 h
Aufstieg / Abstieg: 265 hm

Tour 21 – **Zum Jagdhaus**
Gemeinde Altenthann

Das Clubhaus und Restaurant Jagdhaus Thiergarten zeigt sich schlossartig

WEGBESCHREIBUNG:
Unterlichtenwald – Hammermühlen – Otterbachtal – Golfanlage des Golf- und Landclubs Regensburg e.V. – Jagdhaus im Fürstlichen Thiergarten – Otterbachtal – Herz Jesu – Kapelle in Heuweg – Ellbachtal – Oberlichtenwald – Burgstall Oberlichtenwald – Martinsquelle – Unterlichtenwald

PARKEN:
Wanderparkplatz, Unterlichtenwald 24, 93177 Altenthann

Auf dem Regensburger Burgensteig kommen wir am Otterbach entlang, zur Golfanlage des Golf- und Landclubs Regensburg e.V., vorbei am Jagdhaus im Fürstlichen Thiergarten, zur Herz Jesu-Kapelle in Heuweg, hinunter ins Ellbachtal, hoch nach Oberlichtenwald, zum Burgstall Oberlichtenwald, an der Martinsquelle vorbei und wieder zurück nach Unterlichtenwald.

Wanderweg: Regensburger Burgensteig / Regionale Wanderwege

Die Wege im Fürstlichen Thiergarten sind nicht markiert, deshalb ist ein GPS-Gerät dringendst zu empfehlen.

Am Wasserfall Hammermühle

Im Herbst ist es am Otterbachtal besonders schön

Wir starten in Unterlichtenwald und wandern am Regensburger Burgensteig. Es geht flussabwärts am Otterbach und Sulzbach entlang zur Hammermühle. Ein reizvolles Tal mit schönen Mühlen wartet auf uns. An Neumühle und Klammer vorbei kommen wir etwas oberhalb zum Gasthaus Hammermühlen. Es lohnt sich, kurz rechts abzubiegen zum Wasserfall und zum Landgasthof Hotel Hammermühle, Thiergartenstraße 1, 93093 Donaustauf, zu kommen. Die Hammermühle befindet sich 12 km östlich von Regensburg in ruhiger Lage umgeben von Wald und Wiesen. Zur Walhalla gehen wir 2 km und zum Donau-Radweg 1,5 km.

Weiter geht es zum Golfplatz des Golf- und Landclubs Regensburg, durch dessen Grünanlage wir ein Stück wandern. Das Clubhaus und Restaurant heißt Jagdhaus Thiergarten und zeigt sich schlossartig.

Im stilvollen Jagdhaus zeugen noch heute über 2000 Geweihe von der Jagdlust der Fürsten zu Thurn und Taxis. In den holzgetäfelten Clubräumen erwarten Sie wertvolle Fayencekamine. In der einmaligen Atmosphäre des fürstlichen Jagdhauses Thurn und Taxis sind mehrere abgeteilte Räume für bis zu 80 Personen. Die herrliche Terrasse mit Blick auf den umliegenden Park verfügt über weitere 120 Plätze. Das Lokal steht auch Nichtgolfern jederzeit offen.

Auch das Aschenbrennermarter im Fürstlichen Thiergarten ist sehenswert, allerdings nicht auf unserer Tour. Das Jagdschloss Aschenbrennermarter, auch als „Jagdhütte" bezeichnet, ist eine Jagdhauskolonie im Landhausstil der Fürsten von Thurn und Taxis. Der Ort Aschenbrennermarter wird vor 1840 erstmals genannt und war ursprünglich eine forstwirtschaftliche Ansiedlung.

Der schöne Sulzbach schlingt sich durch die Wiesen

Vom Ausgangspunkt Unterlichtenwald gehen wir diese Richtung zur Hammermühle

Das Feuerwehrhaus Oberlichtenwald, wir gehen rechts vorbei

Wir kommen auf diesem Weg vom Fürstlichen Thiergarten und dem Otterbachtal hoch und wandern zur Heuweger Herz-Jesu-Kirche

Wir gehen bergauf in den Fürstlichen Thiergarten entlang an den Schwarzenhängen und kommen nach 2,5 km zu den Hundshängen. Hier geht es hinunter zum Otterbach.

Am Otterbach angekommen haben Sie die Möglichkeit links abzubiegen und zurück nach Unterlichtenwald zu gelangen. Unser Weg führt am Otterbach rechts. Nach einem Kilometer überqueren wir den Otterbach und es geht hoch zum Einöd Heuweg.

Hier kommen wir zur Heuweger Herz-Jesu-Kirche. Die kleine Kirche wurde 1920 als Schulkapelle errichtet. Die Jubiläumsfeier fiel 2020 wegen der Corona-Pandemie aus. Die Herz-Jesu-Kirche in Heuweg steht direkt an der Staatsstraße 2145 auf der Strecke von Sulzbach nach Brennberg für die einklassige Volksschule Lichtenwald.

Wir gehen ein Stück an der Staatsstraße (St2145) entlang und biegen rechts ab und kommen so ins Ellbachtal, wo der Sulzbach vorbeifließt.

Vom Ellbachtal geht es wieder hinauf nach Oberlichtenwald. In Oberlichtenwald gibt es einen Burgstall und die Martinsquelle. Die Burg wurde um 1160 von den Herren von Lichtenberg erbaut. Die einstige Burganlage lag auf einem schmalen Höhenzug zwischen den Tälern des nach Südwesten fließenden Sulzbaches und des parallel dazu verlaufenden Otterbaches. Am Burgstall Oberlichtenwald finden wir die letzten Mauerreste der Kernburg.

Wir wandern wieder hinunter ins Otterbachtal und auf den Regensburger Burgensteig. Entlang am Otterbach kommen wir wieder zum Ausgangspunkt.

Die Heuweger Herz-Jesu-Kirche

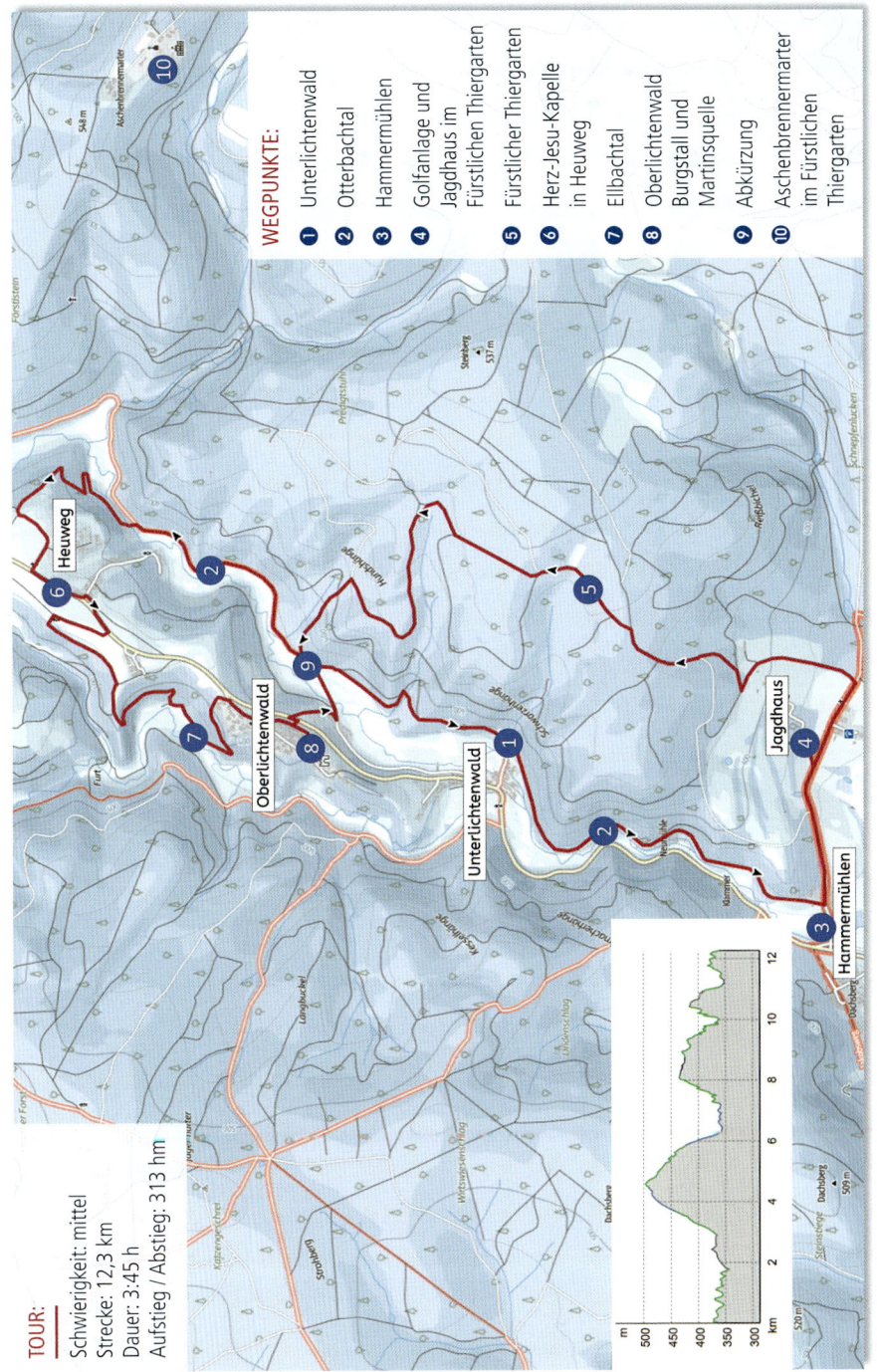

Tour 22 – **Schutzengel-Runde**
Gemeinde Brennberg

Am Benediktinerkloster Frauenzell

WEGBESCHREIBUNG:
Benediktinerkloster Frauenzell – Reitersteig-Weg – Einöde Fischbehälter – Fürstlicher Thiergarten von Thurn und Taxis – Lehmgrube (671 m) – Schutzengel – Schopflohe (674 m) – Leiter Ü23 – Himmelmühle – Himmelthal – Ochsenweide – Frauenzell

Wenn der Schnee eine Decke auf die Landschaft legt und wir zur Ruhe kommen möchten, dann ist die perfekte Zeit für Winterwanderungen im Naturpark Oberer Bayerischer Wald. Abseits der Hotspots führt der Wanderweg durch die verschneiten Tannenwälder im Fürstlichen Thiergarten von Thurn und Taxis, wo der Schnee unter den Sohlen knirscht und frische Winterluft den Kopf frei bläst. Wenn man Glück hat, trifft man den Luchs, die größte Wildkatze Europas.

Die Wege im Fürstlichen Thiergarten sind nicht markiert, deshalb ist ein GPS-Gerät dringendst zu empfehlen.

Startpunkt der Wanderung ist der Parkplatz am ehemaligen Benediktinerkloster Frauenzell, hier sind ausreichend Parkplätze vorhanden.

Das Kloster Frauenzell war ursprünglich eine Einsiedelei. Um 1312 ließen sich Gottfried Puecher aus Straubing und Albert Tuntzlinger aus Donaustauf, zwei Bürgersöhne, als Einsiedler bei Brennberg nieder. Graf Reimar IV von Brennberg überließ den beiden Bürgersöhnen 1317/1320 Bauland, um Zellen und eine Kirche darauf zu errichten. 1325 erfolgte die erste Weihe der Kirche und die Gottesmutter Maria wurde zur Patronin der Einsiedelei bestimmt. Seit damals trägt die Kirche den Namen „Marienzell" oder „Unserer Lieben Frauen Zell".

Wir wandern durch den Torbogen zur Dorfstraße und halten uns links. Weiter geht es links entlang der Straße (R42) und nach 20 Metern rechts zum Reitersteig-Weg. Vorbei an der Einöde Fischbehälter folgen wir dem Weg hoch bis zum Schutzengel im Fürstlichen Thiergarten von Thurn und Taxis.

Der Fürstliche Thiergarten zu Regensburg wurde 1813 als Jagd- und Wirtschaftswald angelegt. Das Gelände, das sich über dem Donautal erhebt, ist eingezäunt und umfasst etwa 2800 Hektar. Es erstreckt sich über die Gemeinden Altenthann, Wiesent und Frauenzell. Das Waldgebiet ist geprägt von Lichtungen, Tümpeln und Bächen. Mehrere Forsthäuser und ein Jagdschloss befinden sich ebenfalls auf dem Terrain – und natürlich zahlreiche Tiere. Insbesondere Wildschweine und Rotwild können gesichtet werden. Wer Glück hat, kann

oben:
Ein schöner Winter-Sonnenaufgang

mittig:
Infotafel am Kloster Frauenzell

unten:
Der Weg in den Fürstlichen Thiergarten von Einöd Fischbehälter aus

Blick von Frauenzell auf den Berg Lehmgrube (671 m) im Fürstlichen Thiergarten

PARKEN:
Benediktinerkloster
Frauenzell, Frauenzell 8,
93179 Brennberg

oben:
Am Eingang
in den Fürstlichen
Thiergarten

rechts:
An der
„Leiter Ü23"

unten:
Am Weiher
Himmelmühle

Der Ausblick auf Frauenzell
von der Lehmgrube (671 m) aus

einen Luchs, die größte wilde Katzenart Europas, erspähen, der seit einigen Jahren wieder im bayerischen Wald heimisch geworden ist. Auch Wasserbewohner trifft man hier. In den Flüssen, Bächen, Teichen und Seen leben Biber und Fischotter. An den Gewässern halten Schwarzstörche nach Fröschen Ausschau. Auch Molche, Gelbbauchunken und Kröten sind in diesem Feuchtgebiet heimisch. Im Wald und auf den Wiesen finden zahlreiche Pflanzenarten und Tiere einen intakten Lebensraum.

Angekommen am Fürstlichen Thiergarten wandern wir durch das eingezäunte Holztor, das normalerweise offen ist. Weiter geradeaus geht es zum Schutzengel, kurz davor können wir auf einem Forstweg zur Lehmgrube (671 m) hochsteigen. Hier erwartet uns ein herrlicher Blick auf Brennberg und Frauenzell. Weiter geht's zum Schutzengel. Wir biegen rechts ab und gehen nach 600 m nochmals rechts. Wir gelangen so zur Schopflohe (674 m). Dies ist der höchste Punkt im Fürstlichen Thiergarten. Wir wandern immer geradeaus und kommen nach ca. 1,2 km an eine Gabelung, an der wir scharf rechts abbiegen.

Es geht hinab durch einen sehr schönen Wald mit ausgewachsenen Bäumen. Bald kommt wiederum eine Gabelung mit einem Tor. Hier halten wir uns links, falls das Tor verschlossen ist, nehmen wir die „Leiter Ü23" (rechts neben dem Tor). Nun sind wir wieder außerhalb des Fürstlichen Thiergartens und wandern hinunter nach Himmelmühle.

Wir kommen in ein schönes Tal und zu einem Weiher, an dem wir vorbeiwandern. Anschließend folgen wir dem Weg an einer Wiese entlang nach Himmelthal. Wir halten uns rechts und gehen hoch an der Ochsenweide vorbei und kommen schließlich wieder zurück nach Frauenzell.

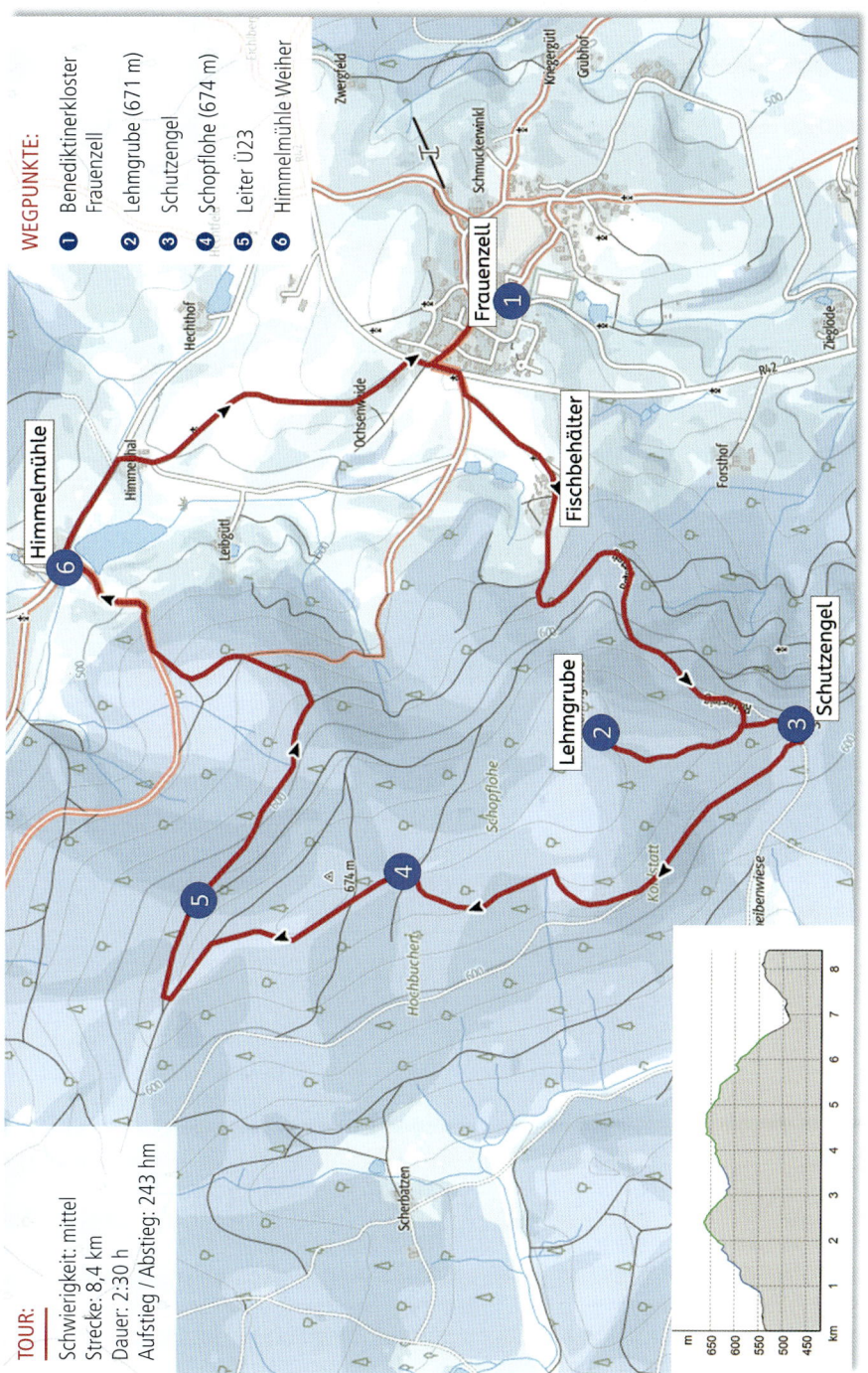

Tour 23 – **Jagawirt-Runde**
Aumbach, Gemeinde Rettenbach

Sonnenuntergang am Hohenstein

WEGBESCHREIBUNG:
Aumbach – Hohe Ecke – Zumhof – Kastel Windsor – Schmalzgrub Skilift – Hohenstein – Handelsberg – Jagawirt Aumbach

PARKEN:
Jagawirt zu Aumbach,
Aumbach 117,
93191 Rettenbach

Schöner Rundweg an der Goldsteigroute mit der Verknüpfung zum örtlichen Rundweg – Wilder Mann 150. In Aumbach gibt es das Wirtshaus Jagawirt mit Biergarten. Hier startet und endet der Rundweg. Sehr empfehlenswert spätnachmittags, um den Sonnenuntergang zu sehen!

An der Hohen Eck

Vom Wirtshaus Jagawirt gehen wir bergab entlang der Goldsteigroute Richtung Staatsstraße und überqueren diese. Das erste Ziel, die schöne „Hohe Ecke", liegt direkt vor uns. Anschließend folgen wir nach 50 m dem Weg rechts hoch Richtung Zumhof und Bergershof.
Ab Bergershof geht es leicht nach unten und wir gelangen wieder zur Staatsstraße und über-

oben:
Die Kapelle in Aumbach

links:
Der Jagawirt in Aumbauch

ANFAHRT:
Zwischen Wörth an der Donau und Rettenbach an der Staatsraße (St2146) finden Sie ohne Weiteres nach Aumbach.

EINKEHRMÖGLICHKEIT:
Jagawirt zu Aumbach,
Aumbach 117,
93191 Rettenbach

Panoramablick

Die Kapelle an der Schmalzgrub

queren diese. Jetzt wandern wir Richtung Kastel Windsor. Auf einem fünf Hektar großen Grundstück mit historischem Baumbestand befindet sich die Tagungs- und Begegnungsstätte Kastel Windsor. Weiter geht es nach Brieberg und Haagthann. In Haagthann halten wir uns rechts und folgen dem Weg 1 km bis zur Schmalzgrub. Wir überqueren die Staatstraße oder wir können auch die Abkürzung zurück nach Aumbach nehmen. Kurz vor Schmalzgrub biegen wir bei einer Kapelle rechts ab.

Nun geht's zum Schlepplift Schmalzgrub, dieser ist 500 m lang, hat eine Höhenlage von 570 bis 640 m und einen Höhenunterschied von 70 m. Der Schlepplift eignet sich insbesondere für Kinder bzw. Familien und Fahranfänger im Winter. Direkt neben dem Skilift ist auch ein Rodelhang. Die Skihütte auf der Schmalzlalm lädt zur Einkehr ein. Auskünfte: Familie Walchshäusl, Tel. 09484/346.

Anschließend wandern wir um den Hohenstein (638 m) herum. Nach 1,5 km kommen wir wieder auf die Goldsteigroute, die uns nach Aumbach zum Jagawirt führt.

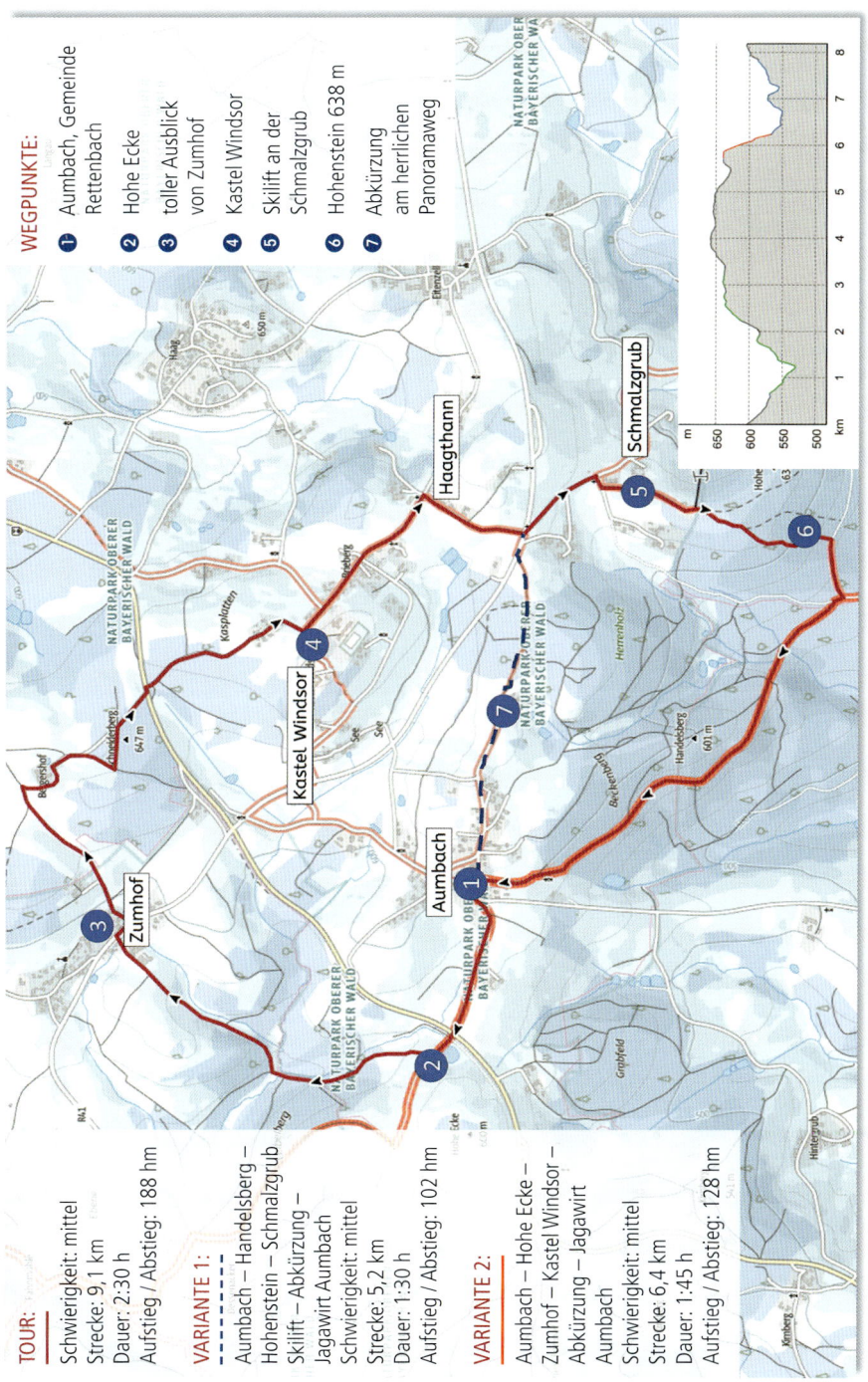

TOUR:
Schwierigkeit: mittel
Strecke: 9,1 km
Dauer: 2:30 h
Aufstieg / Abstieg: 188 hm

VARIANTE 1:
Aumbach – Handelsberg – Hohenstein – Schmalzgrub – Skilift – Abkürzung – Jagawirt Aumbach
Schwierigkeit: mittel
Strecke: 5,2 km
Dauer: 1:30 h
Aufstieg / Abstieg: 102 hm

VARIANTE 2:
Aumbach – Hohe Ecke – Zumhof – Kastel Windsor – Abkürzung – Jagawirt Aumbach
Schwierigkeit: mittel
Strecke: 6,4 km
Dauer: 1:45 h
Aufstieg / Abstieg: 128 hm

WEGPUNKTE:
1. Aumbach, Gemeinde Rettenbach
2. Hohe Ecke
3. toller Ausblick von Zumhof
4. Kastel Windsor
5. Skilift an der Schmalzgrub
6. Hohenstein 638 m
7. Abkürzung am herrlichen Panoramaweg

Tour 24 – Büscherl-Runde
Gemeinde Wiesenfelden

Die Nebenkirche St. Rupert

WEGBESCHREIBUNG:
Parkplatz am Naturbeobachtungssteg – Nebenkirche St. Rupert – Ortsteil Abdecker – Utzenzell – Bücherl (740 m) – Aussichtskanzel „Büscherl" – Utzenzell – Felsenkeller – Luchsgehege – Umweltzentrum Schloss Wiesenfelden – Parkplatz am Naturbeobachtungssteg

PARKEN:
Gemeinde Wiesenfelden, Georgsplatz 1, Wiesenfelden

Eine sehr schöne Wanderung mit toller Landschaft. Es gibt viel zu entdecken und auch die Möglichkeit, Wildkatzen oder den Luchs zu sehen.

Beachten Sie die Wanderwege (Ziffer 5, 9, 16), den Jakobsweg und Goldsteig-Wanderweg.

Am Büscherl

Die Wanderung beginnt am Beckenweiher im Herzen von Wiesenfelden zwischen kath. Pfarrkirche Mariä Himmelfahrt, Tourist-Information und Schloss. Der Beckenweiher gehört zum Naturschutzgebiet Wiesenfeldener Weiherlandschaft und ist Ausgangs- und Zielpunkt von allen markierten Rundwanderwegen.

Vom Beckenweiher führt der Wanderweg 5 an aussichtsreichen Wiesen und Waldinseln nach Sankt Rupert. Die Nebenkirche St. Rupert befindet sich auf einem Hügel ein wenig außerhalb von Wiesenfelden in St. Rupert. Wegen des Kreuzweges, der zur Kirche führt, der Kreuzigungsgruppe aus dem 19. Jahrhundert und dem „Heiligen Grab" aus dem 18. Jahrhundert war die Kirche St. Rupert früher ein beliebtes Ziel für Kreuzweg- und Passionsandachten.

Morgens der Sonnenaufgang

ANFAHRT:
Sie erreichen Wiesenfelden am besten über die A3 von der Ausfahrt Kirchroth an der Staatsstraße (St2148) oder von Falkenstein kommend über die Staatsstraße (St2148).

TIPP:
Um den Beckenweiher führt ein 2,3 km langer „barrierefreier" Rundweg für Rollstuhlfahrer und Kinderwagen. Dank eines Leitsystems aus starkem Rundholz kann er auch von Blinden und Sehbehinderten durchwandert werden. Blinde können sich den Text der Informationstafeln von Sprechautomaten vorlesen lassen. Teil des Rundwegs ist ein 110 m langer überdachter Naturbeobachtungssteg, der abends beleuchtet ist.

Ausblick von der Nebenkirche Sankt Rupert auf Wiesenfelden

Die Kapelle Nähe Utzenzell

Wir beachten den Weg 16 und 9 Richtung Aussichtskanzel Büscherl

Von dort geht es ortseinwärts Richtung Wiesenfelden zum Ortsteil Abdecker. Ab hier folgen wir dem gut gekennzeichneten Weg 9 auf dem Oberen Grottenweg durch das Grünland bis zur Ortschaft Utzenzell. Dort kommen wir auf den Jakobsweg und folgen diesem zum Büscherl und Bücherl. Angekommen an der Aussichtskanzel Büscherl gehen wir den kürzesten Weg zurück nach Utzenzell. Der Bücherl (740 m) ist der höchste Berg der Weiher-Gemeinde Wiesenfelden und im „ILE" Vorwaldbereich. Er trägt eine unbewirtschaftete Schutzhütte und eine Aussichtskanzel „Büscherl", die einen Blick zu den höchsten Bergen des Bayerischen Waldes sowie über den Gäuboden hinweg bis zu den Alpen ermöglicht (aktuell ist die Sicht wegen der hochgewachsenen Tannenbäume eher schlecht).

Bequem wandern wir im Wald hinab zu den Häusern von Utzenzell, ab dort geht es auf dem Grottenweg (Ziffer 16) oberhalb Wiesenfelden über den Felsenkeller zum Luchsgehege und Umweltzentrum Schloss Wiesenfelden. Das Umweltzentrum Schloss Wiesenfelden ist ein fünf Hektar großes Wildnisgelände mit alten Baumgestalten, Weihern und einem kleinen Bachlauf. Es hat sich in idealer Weise als Lernort für naturpädagogische Erlebnisangebote bewährt.

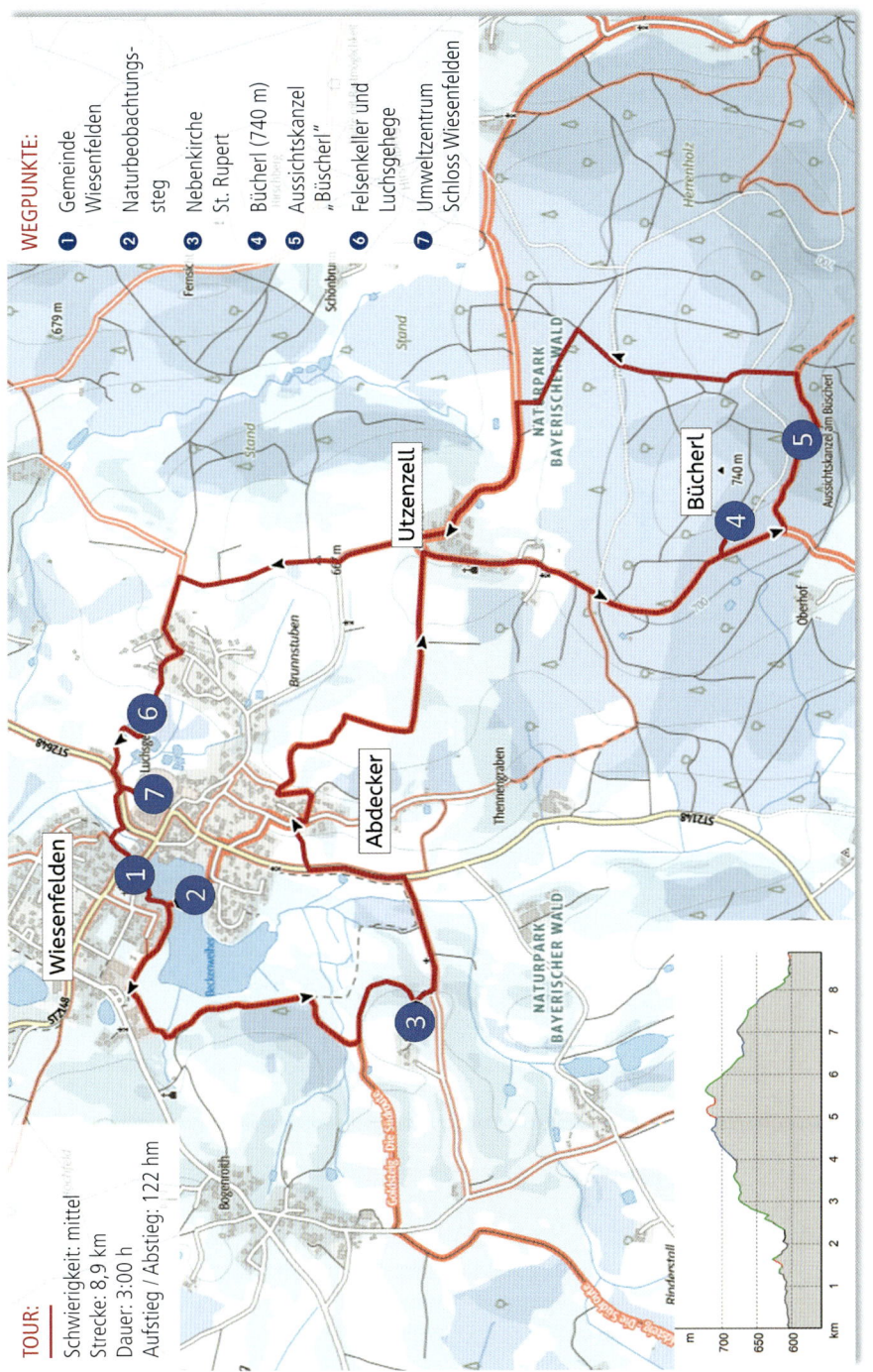

Tour 25 – Auf geht's zur Burgruine Heilsberg
Gemeinde Wiesent

Eine herrliche Aussicht haben wir kurz nach Dietersweg im Donautal

WEGBESCHREIBUNG:
Einsiedelei – auf dem Burgensteig zur Burgruine Heilsberg – Kreuzbergquelle – Wasserkraftwerk – Ruppertsbühl – Berg Heilsberg (542 m) – Katholische Nebenkirche St. Bartholomäus, Dietersweg – Donautal Panoramablick – Einsiedelei

PARKEN:
Die Klause bei Wiesent/Einsiedelei

Eine wunderschöne, aber anstrengende Tour, zum Teil entlang des Burgensteigs und immer wieder entlang eines geradezu mystisch wirkenden Bachlaufs. Wir haben einige Höhenmeter zu bewältigen! Die Wanderung führt zur Burgruine Heilsberg, zum Heilsberg (542 m), zum Donautal-Panoramablick und zur Katholischen Nebenkirche St. Bartholomäus.

Die Einsiedelei *Auf der Burgruine Heilsberg*

Wir starten an der Klause „Einsiedelei". Von der Original-Einsiedelei ist heute nichts mehr zu sehen. Weitere Recherchen ergaben, dass im Jahr 2005 eine 1225-Jahr-Feier in Wiesent stattfand. Für diese Feier und einen Umzug wurde extra diese Hütte gebaut und bei einer Wagenkolonne durch das Dorf gezogen.

Nach einem kurzen Stück auf der Straße Richtung Wiesent biegen wir nach rechts in den gut beschilderten Schotterweg ein und folgen dem kleinen Burgensteig-Rittersymbol. Wir gehen 1 km am Bach Wiesent entlang. Nun wendet sich der Weg den Hang nach oben in Richtung Burgberg. Wir haben nun knapp 60 Höhenmeter auf 300 Meter zu bewältigen. Angekommen an der Burgruine besichtigen wir diese. Viel Wissenswertes finden wir an einer Burgensteig-Tafel.

Die Holzhütte nahe der Einsiedelei

Die wilde Wiesent

ANFAHRT:
Wir fahren von der A3 Wiesent ab. Anschließend geht es in den Ortskern von Wiesent und wir kommen zum Wiesenter Schloss. Hier biegen wir links ab, Richtung Waffenschmiede. Nach ca. 4,5 km in Richtung Dietersweg bleiben wir an der Brücke, die über die Wiesent führt, an der kleinen „Einsiedelei" stehen. Hier können wir parken.

GOOGLE PLUS CODES:
29JQ+JJ Wiesent

Die Burgruine Heilsberg ist eine Höhenburg auf 420 m ü. NN, etwa 200 Meter südöstlich des Ortsteils Pangerlhof der Gemeinde Wiesent. Die Burg wurde vermutlich Mitte des 12. Jahrhunderts von den späteren Truchsessen von Heilsberg und Eggmühl erbaut. Die Burg diente der kolonisatorischen Erschließung der Waldgebiete nördlich der Donau, die zu dem Bistum Regensburg gehörten.

Nach einer kleinen Pause geht es wieder runter zum Bach Wiesent und an der Kreuzbergquelle vorbei. Wir beachten auch die schönen Doppelschleifen, die die Wiesent in den anliegenden Wiesen macht. Wir spazieren noch kurz an der Wiesent entlang, bis das kleine Wasserkraftwerk kommt. Hier ändert sich der Name zum Höllbach, der aus Rettenbach und durch das Höllbachtal kommt.

Nach weiteren 400 m geht es kurz vor dem Weiler Heilsberg rechts hoch. Ab hier haben wir 180 Höhenmeter auf 2 km zu bewältigen. Nach weiteren 200 m biegen wir links ab und folgen dem Forstweg bis Ruppertsbühl weiter.

oben:
An der Burgruine Heilsberg

mittig:
Panoramablick Nähe Dietersweg

rechts:
Die kleine Kirche St. Bartholomäus in Dietersweg

Das kleine Örtchen Dietersweg mit der schönen kleinen katholischen Nebenkirche ist vor uns sichtbar. Diese kann besichtigt werden. Die Kirche St. Bartholomäus aus dem Jahr 1896 ist eine neugotische Kirche. Der Fassadenturm trägt ein Spitzdach. Im Jahr 1902 wurde die Kirche in Dietersweg eingeweiht. Anschließend wandern wir nur noch bergab mit tollem Donautal-Panoramablick, bis wir wieder am Ausgangspunkt Einsiedelei auf der Teerstraße eintreffen.

Panoramablick Donautal

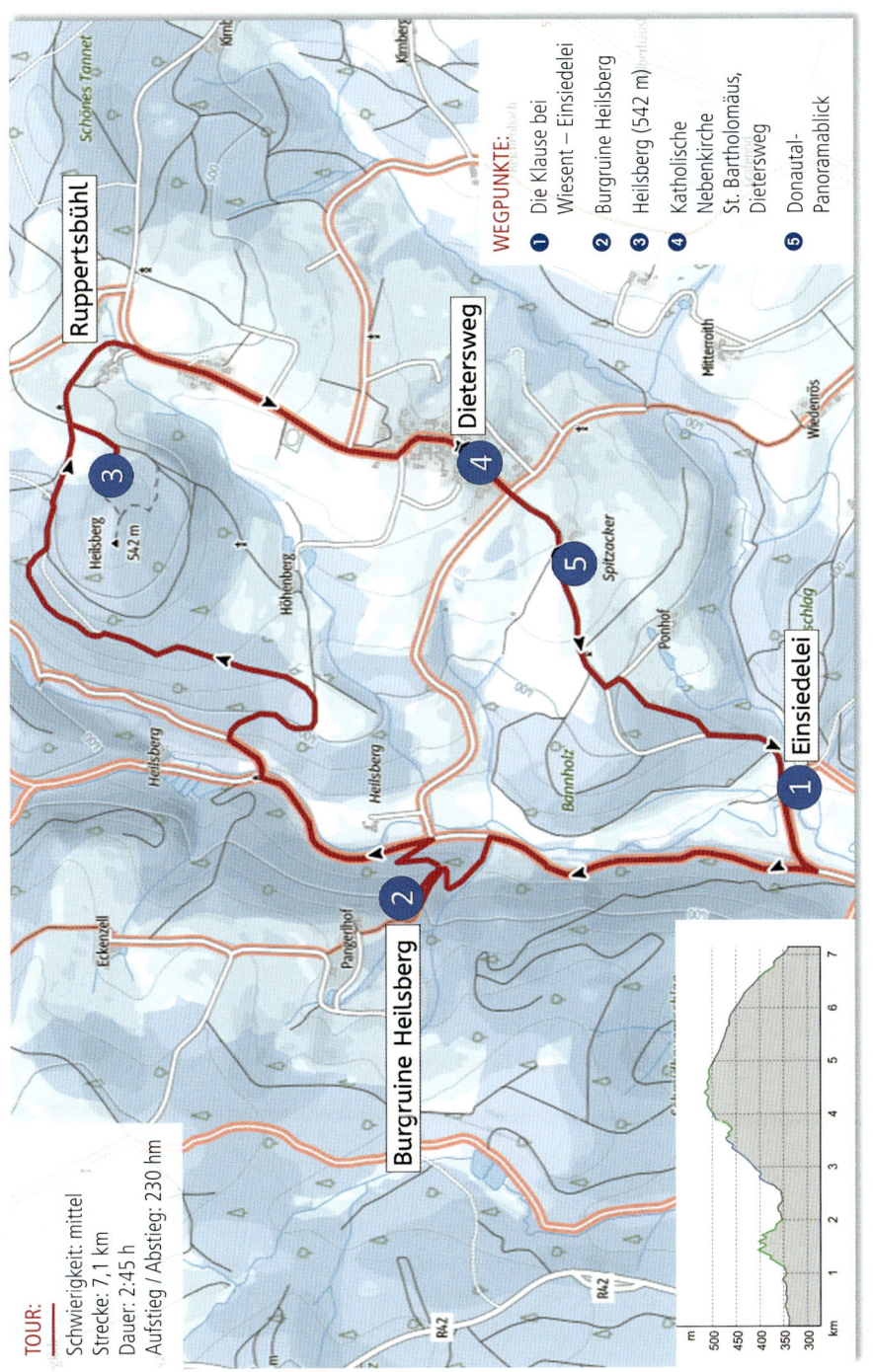

Tour 26 – **Weinbau-Donau-Runde**
Gemeinde Wiesent

Das Schloss Wiesent

WEGBESCHREIBUNG:
Schloss Wiesent – Jakobsweg, Europäischer Fernwanderweg E8 – Ettersdorf am Fürstlichen Thiergarten – Kruckenberg – Weinberge um Kruckenberg – Frengkofen – Schiffanlegestelle – Ammerloher Wald – Sportanlage – Wiesent

PARKEN:
Schloss Wiesent,
Schlossplatz 1,
93109 Wiesent

Die Wanderung an der Donau und zum Weinbaugebiet Kruckenbach verspricht erlebnisreich zu werden. Die katholische Filialkirche St. Matthäus Kruckenberg ist aus dem Jahr 1845, mit abgewalmtem Satteldach und einem Fassadenturm mit Spitzdach. In den Weinbergen um Kruckenberg gedeiht der Baierwein, der bereits im 8. Jahrhundert in einer Urkunde erwähnt wurde. Zahlreiche Weinlokale sind hier anzutreffen. Das Dorf liegt im zweitkleinsten Weinanbaugebiet Deutschlands und an der kleinsten Weinroute, die mit 20 Kilometer Länge die kürzeste Weinstraße Deutschlands ist.

Wanderweg: Jakobsweg, Europäischer Fernwanderweg E8, Regionale Wanderwege und auf der kürzesten Weinstraße Deutschlands

Wir parken am Schloss Wiesent, und starten ortsauswärts in östlicher Richtung nach Kruckenberg. Auf dem Jakobsweg und Europäischen Fernwanderweg E8 geht es über Ettersdorf am Fürstlichen Thiergarten entlang. Wir folgen dem Jakobsweg bis kurz vor Kruckenberg. Wir gehen geradeaus weiter, während der Jakobsweg nach rechts verläuft. Wir kommen in das schöne Örtchen Kruckenbach und an der katholischen Filialkirche St. Matthäus vorbei. Auch einige Weinlokale sind hier anzutreffen. Entlang der kürzesten Weinstraße Deutschlands geht es bis zur nächsten Ortschaft Frengkofen (Gemeinde Bach an der Donau). Wir biegen links ab und kommen zur Donau. Hier können wir eventuell rechts abbiegen, so kommen wir zur Filialkirche St. Bartholomäus und an die Donaupromenade von Frengkofen. Dort sehen wir ein altes Fischerschiff an dem wunderschönen und breiten Donauabschnitt. Zu empfehlen ist außerdem das Baierwein-Museum im Weinpresshaus aus dem 14. Jahrhundert mit Weinlehrpfad. Unser Weg führt uns aber links zurück über den Donauweg zur Schiffanlegestelle der Gemeinde Wiesent. Wir haben immer den Blick auf die mächtige Donaubrücke der Autobahn A3. An der Schiffanlegestelle halten wir uns links und gehen Richtung Kruckenberg. Auf Hälfte der Strecke

oben links:
Am Weinlokal „Zum Kruckenberger" in Kruckenberg

oben rechts:
Filialkirche St. Matthäus

unten links:
Am Wanderweg Kruckenberg – Richtung Frengkofen

unten rechts:
An der Donaupromenade Frengkofen

links:
An der Donaupromenade Frengkofen

rechts:
Das alte Fischerschiff

biegen wir rechts ab und gehen am Ammerloher Wald vorbei. Wir sehen bereits wieder Wiesent und wandern an der Sportanlage des SV Wiesent zurück zum Ausgangspunkt.

Nun können wir noch das Schloss Wiesent besichtigen. Schon 1264 stand an dieser Stelle eine Festung. Das Schloss wurde 1695 von Graf Rudolf von Lintelo erbaut, das Wappen der Familie befindet sich über dem Eingangstor und auch das Café im Schloss trägt diesen Namen. Im Hudetz-Turm im Ostflügel des Schlosses Wiesent ist die vielseitige Hinterlassenschaft des Malers und Graphikers Karl Anton Hudetz und seiner Frau Karoline Hudetz-Weiß zu sehen.

An der Schiffanlegestelle mit Blick zur Walhalla und dem breiten Abschnitt der Donau

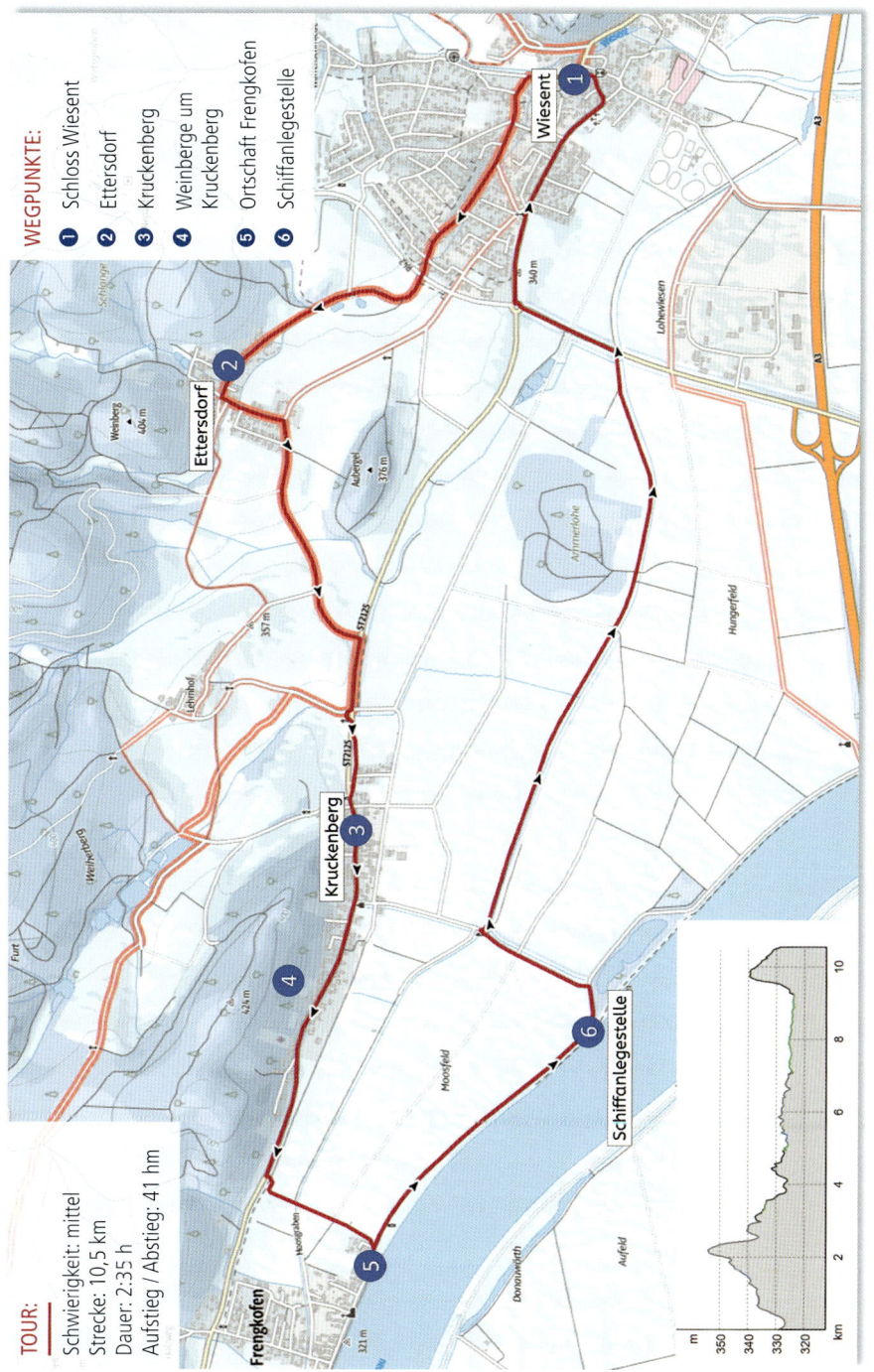

Tour 27 – **Kiefenholz-Runde**
Stadt Wörth an der Donau

An der Donau bei Kiefenholz

WEGBESCHREIBUNG:
Pendlerparkplatz an der A3 – Wegkapelle – Kiefenholz – Katholische Filialkirche St. Jakobus – Kleinkiefenholz – Klösterwörth – Ammenwörth – Schleuse Geisling – Giffa – Giffaner Höhe – Pendlerparkplatz an der A3

Wir haben nur 7 Höhenmeter, aber ein wunderschönes Panorama an der Donau rund um Kiefenholz vor uns. Bei dieser Rundwanderung kommen wir an der Schleuse Geisling vorbei. Sie befindet sich auf der linken Flussseite der Donau im Stadtgebiet Wörth an der Donau.

Wanderweg: Regionaler Wanderweg / Donauweg

Die Wegkapelle kurz vor Kiefenholz

Wir wandern vom Pendlerparkplatz in östlicher Richtung vorbei an einer schönen Wegkapelle und anschließend in das Örtchen Kiefenholz. Im Jahr 1145 wurde Kiefenholz erstmals urkundlich genannt. Ein sehr schönes Örtchen im Stadtgebiet Wörth an der Donau.
Wir gehen hindurch und kommen am Friedhof, einem Fußballplatz und an der Katholischen Filialkirche St. Jakobus vorbei. Dies ist eine mittelalterliche Chorturmkirche aus dem 17. Jahrhundert. An der

Morgens an der Donau

Die Filialkirche St. Jakobus, Kiefenholz

PARKEN:
Pendlerparkplatz an der A3, 93086 Wörth an der Donau

GOOGLE PLUS CODE:
X9V6+Q8 Wörth an der Donau

Die Autobahnbrücke A3

Panoramablick zum Sonnenuntergang an der Donau

Donau angekommen haben wir einen herrlichen Blick zur Autobahnbrücke A3 und bewundern zur linken Seite, wie die Donau sich durch die Landschaft schlängelt.

Vorbei an Kleinkiefenholz, Klösterwörth und Ammenwörth gelangen wir zur Schleuse Geisling. Hier können wir eine kurze Pause machen und den Tagesausflugsschiffen, Kabinenschiffen, Frachtschiffen, Motorbooten und anderen Schiffstypen zusehen, wie sie vorbeifahren.

Weiter geht es zur Staatsstraße (St2146). Hier biegen wir links ab. Wir folgen dem Naturweg entlang der Staatsstraße und halten uns nach 1 km rechts. Wir kommen nun zur Einöd Giffa. Der Ortsteil Giffa wurde erstmals 1364 erwähnt. Im Ort biegen wir links ab und wandern an den Weihern und der Giffaner Höhe vorbei zu unserem Ausgangspunkt zurück.

Tour 28 – **Schloss-Runde**
Stadt Wörth an der Donau

Auf dem Schloss im Renaissancestil

WEGBESCHREIBUNG:
PENNY Parkplatz –
Herrnberg (399 m) –
Lerchenhaube (446 m) –
Pfarrkirche St. Peter –
Schlossberg (380 m) –
Schloss Renaissancestil –
Königsberg (373 m) –
Mittelschule/Hallenbad –
PENNY Parkplatz

PARKEN:
PENNY Parkplatz,
Bayerwaldstraße 16,
93086 Wörth an der
Donau

Wir wandern zum Herrnberg (399 m), zur Lerchenhaube (446 m), vorbei an der Pfarrkirche St. Peter, zum Schlossberg (380 m) mit dem Schloss im Renaissancestil und zum Königsberg (373 m). Hier am Ausläufer des Bayerischen Waldes ist es wunderschön.

Wanderweg: Jakobsweg, Europäischer Fernwanderweg E8, Regionale Wanderwege

Wir starten am PENNY Parkplatz und gehen den Weg hoch über die Arberstraße. Wir kommen auf einen schönen Naturweg, der uns zum Herrnberg (399 m) bringt. Auf dem Herrnberg steht die 1713 errichtete Pestkapelle. Wir haben eine schöne Aussicht auf Wörth an der Donau und das Gäuboden-Land.

Wir wandern weiter oberhalb der Siedlungen, bis wir nur links oder rechts gehen können. Wir biegen links ab und kommen so zur Lerchenhaube (446 m). Vorbei an der Lerchenhaube geht es hinunter über einen Naturweg zur Pfarrkirche St. Peter. Den 50 Meter hohen Turm der Pfarrkirche St. Peter, die auf einen Bau aus dem 13. Jahrhundert zurückgeht, sehen wir bereits von Weitem.

Vorbei an der Kirche und dem Marktplatz wandern wir in die Schlossstraße. Im Stadtzentrum befinden sich das 1892 erbaute Rathaus, die Hofapotheke mit geschichtlich interessanten Wappentafeln an der Fassade, die ehemalige Hofapotheke, in der Schlossstraße zahlreiche Bauten aus dem 16. und 17. Jahrhundert sowie weitere geschichtsträchtige Gebäude.

oben links:
An der Lerchenhaube

oben rechts:
Schloss im Renaissancestil

unten links:
Das Rauthaus Wörth an der Donau

unten rechts:
Der Kreuzweg am Herrnberg. Dieser führt uns zur Pfarrkirche St. Peter

Der Eingang zum Schloss

Der Weg am Schloss hinunter zur Straubinger Straße

Am Schloss

Der Weg am Schloss hinunter zur Straubinger Straße

Nun geht es hoch zum Schlossberg (380 m) mit dem Schloss im Renaissancestil. Das mächtige Gebäude hat Festungscharakter und zählt zu den großen Schlössern in Ostbayern. Nach der Besichtigung geht es über den schönen Wanderweg neben dem Schloss hinunter auf die Straubinger Straße.

Wir wandern weiter am Jakobsweg, bis wir zur Straße „Am Königsberg" kommen und links abbiegen. Hier geht es nochmals leicht bergauf. Diesem Weg folgen wir, bis wir links abbiegen und auf die Hochbergstraße gelangen. Nach 100 m biegen wir in die Siedlung Hochberg und halten uns links. Bald führt uns ein Naturweg nach links und wir überqueren den Perlbach. Wir wandern hinter der Schule und dem Hallenbad vorbei. Schließlich biegen wir links ab und gehen über der Gschwellstraße zurück zum Ausgangspunkt.

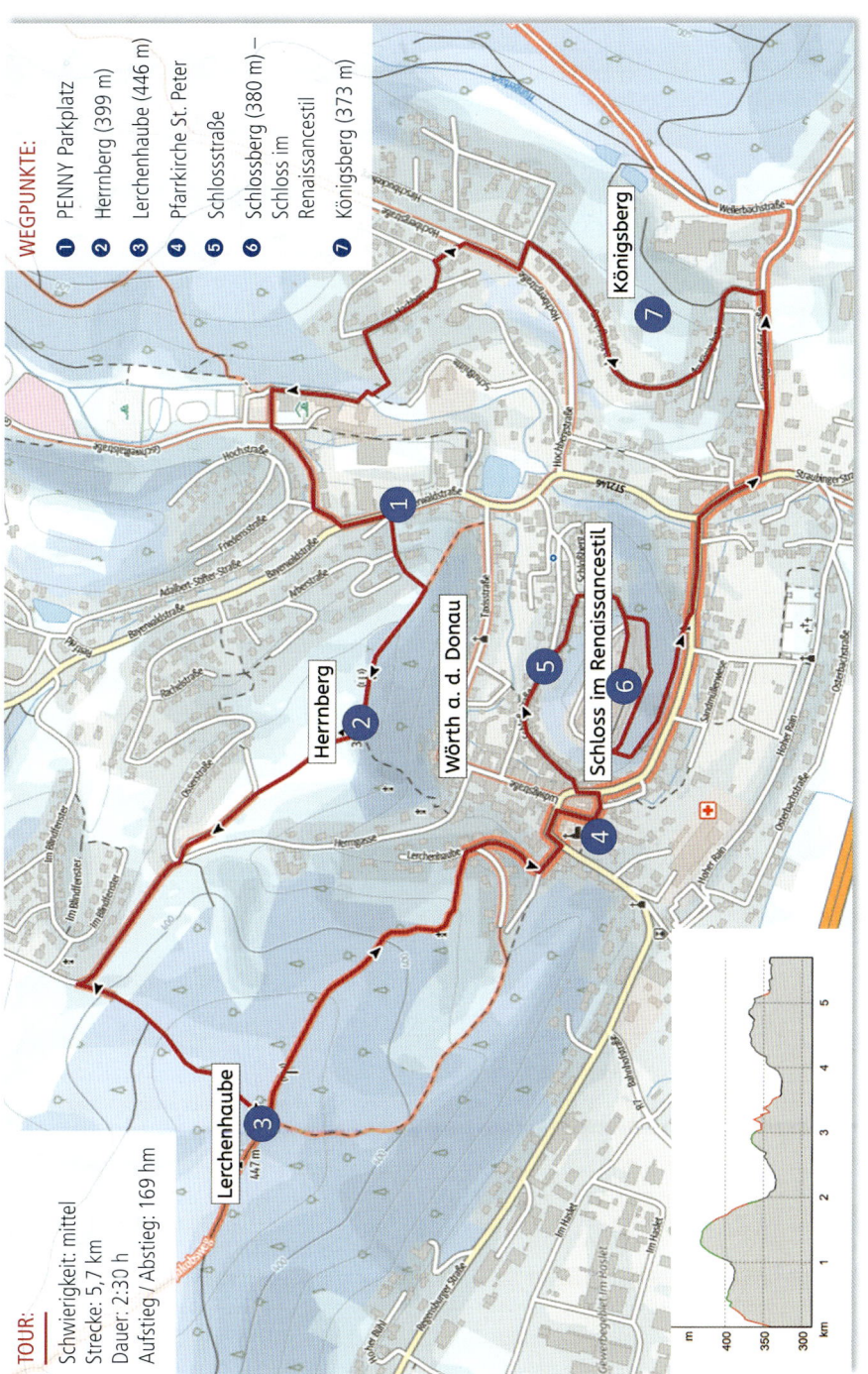

Tour 29 – **Schiederhof-Runde**
Gemeinde Wiesenfelden

Vorwaldblick Richtung Schiederhof

WEGBESCHREIBUNG:
Waldgasthof Schiederhof – Naturerlebnisweg Kobelberg, Wanderweg 7 – Donaublick – Wegnummer 8 – Abkürzung Wanderweg 8 – Wegnummer 8 – Waldgasthof Schiederhof

PARKEN:
Waldgasthof Schiederhof,
Schiederhof 3,
94344 Wiesenfelden

Eine schöne Tour auf dem Wanderweg 7, besonders für Kinder. Bis auf die Abstecher „Donaublick" und Wegnummer 8 ist der gesamte Weg auch für Kinderwagen geeignet. Die Wanderwege 7 sowie 8 gehen zurück zum Schiederhof. Erwähnenswert ist noch, dass dieser Weg im Winter regelmäßig geräumt, aber nicht gestreut wird. Somit können Kinder auf Schlitten leicht gezogen werden.

Panoramablick Donaublick

Zunächst stellen wir unser Auto auf dem Parkplatz des Waldgasthofes Schiederhof ab. Wir gehen dann etwa 60 m südlich des Waldgasthofes in den Wald, wo der Naturerlebnisweg Kobelberg mit der Wegnummer 7 links abbiegt. Der relativ ebene Weg 7 führt meist durch schattige Wälder, bietet aber immer wieder schöne Ausblicke Richtung Regensburg und Straubing. Sehr eindrucksvoll ist der Aussichtspunkt „Donaublick", den Sie auf einem 150 m langen und steilen Abstecher erreichen. Nach 1,5 km gehen wir auf dem Weg 8 entlang, der sich um 180 Grad wendet. Diesem folgen wir bis zum nächstgrößeren Forstweg, in den wir rechts einbiegen. Das ist die Abkürzung des Wanderweges 8. Bald kommen wir direkt zur Windkraftwerkanlage und auch der Wanderweg 8 begleitet uns bis zum Ziel.

Am Schiederhof – die Wegbeschreibung

Der Wanderweg 7

Unzählig viele Ameisenhügel findet man am Wanderweg

Der extra für Kinder errichtete Weg 7 bietet viel Interessantes für unsere Kleinen.

Bereits nach einigen Metern finden wir die erste Station des Naturerlebnisweges. Die „Ameisenstation" zeigt die Stärke der Ameisen. Interessant sind die vielen über 50 Ameisenhügel mit ihren bizarren Formen links und rechts des Weges.

Selten sieht man so viele Ameisenhügel auf so kleinem Raum. Auf dem Balancierbalken der zweiten Station kann die Balance geübt und, wenn man sich mit geschlossenen Augen führen lässt, das Vertrauen zum Partner erfahren werden. Testen Sie bei der so genannten „Sprunggrube", ob Hase, Fuchs, Reh oder gar Hirsch die gleichen Sprungweiten schaffen, und horchen Sie beim Baumtelefon, wie Holz den Schall weiterleitet und warum das eine Art Haustürklingel für Eichhörnchen ist. Haben Sie schon mal die Höhe eines Baumes bestimmt? Bei der nächsten Station erfahren Sie, mit welch einfachen Mitteln diese bestimmt werden kann. Seinen Körper in Schwingung versetzen kann man beim „Summstein". Brummen Sie hinein wie der Bär in eine Höhle. Sogar für Therapien wurden diese Summsteine schon verwendet. Oft wird der Werkstoff Holz unterschätzt. Testen Sie bei der neunten Station, wieso früher Stoßdämpfer für Autos aus Holz gefertigt wurden. Natürlich darf zum Schluss der Wanderung ein Barfußpfad nicht fehlen. Schuhe und Socken runter und schon geht's über verschiedene Materialien auf die Wohlfühltour der Füße. Und dann lädt der kleine, angestaute Bachlauf noch zum „Kneippen" ein.

Der Balancierbalken

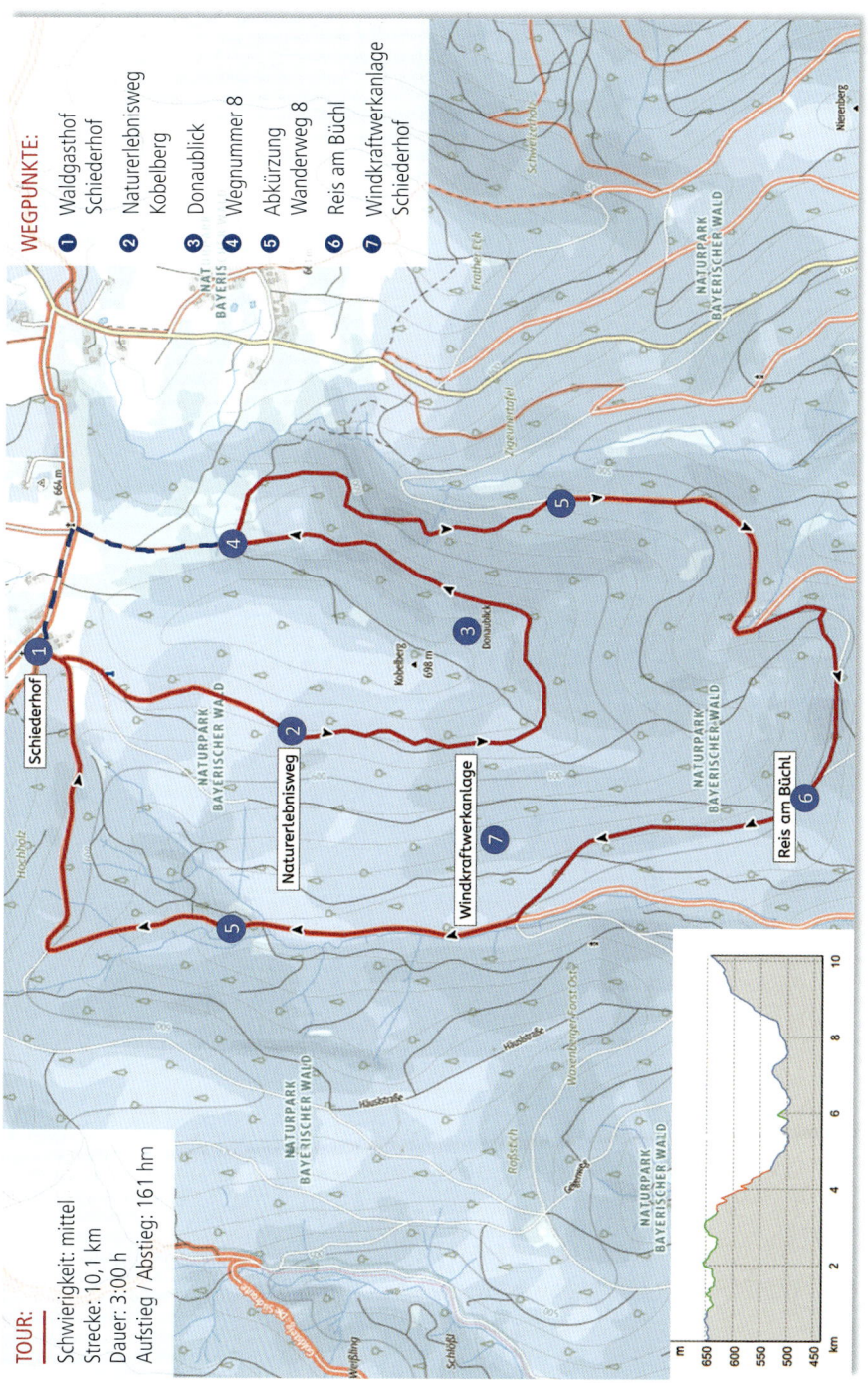

Tour 30 – Rund um Saulburg
Gemeinde Wiesenfelden

Die Expositurkirche Maria Schnee

WEGBESCHREIBUNG:
Expositurkirche Maria Schnee – Saulburg – Schloss Saulburg – Spitzberg – Geßmannszell – Neuhaus – Altenhof – Auenzeller Bach – Neuroth – Saulburg

PARKEN:
Expositurkirche Maria Schnee, Angerstraße 15, 94344 Wiesenfelden

Wir starten an der Expositurkirche Maria Schnee in Saulburg und wandern zum Schloss Saulburg, am Spitzberg entlang nach Geßmannszell, hinunter nach Altenhof, am Auenzeller Bach entlang und zurück über Neuroth.

Naturpark Bayerischer Wald – Wanderweg:
2 / Naturwanderwege

Schloss Saulburg

Wir parken an der Expositurkirche Maria Schnee in Saulburg und wandern ortseinwärts zum Schloss Saulburg. Die Expositurkirche Maria Schnee in Saulburg wurde im Jahr 1698 erbaut. Das Schloss Saulburg wurde 1569 errichtet und stammt im Kern aus dem 12. Jahrhundert. In der Schlossanlage befindet sich die katholische Schlosskapelle St. Aegidius, ein Rokokobau aus dem Jahre 1754.
Neben dem Torbogen am Schloss Saulburg geht ein Pfad hinunter zum Auenzeller Bach. Diesen überqueren wir und folgen ihm hoch Richtung Spitzhaus. Wir kommen schon bald an die Straße (SR28) und biegen rechts ab.

Der Weg hinunter am Torbogen vom Schloss Saulburg zum Auenzeller Bach

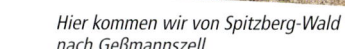

Der Blick von Altenhof auf Saulburg

Hier kommen wir von Spitzberg-Wald nach Geßmannszell

Der Blick von Altenhof auf Saulburg

Nach 50 m gehen wir links in den Forstweg (Wanderweg grün 2) und wandern im Spitzberg-Wald geradeaus nach Geßmannszell. Am Weiher halten wir uns rechts und es geht hinunter nach Berg.

Wir wandern weiter nach Altenhof. Kurz nach Altenhof biegen wir rechts ab und haben ein wunderschönes Panorama auf Saulburg.

Wir gehen durch Fahrnhaus hindurch und biegen bei einem Reiterhof links ab. Es geht bergab ins Auenzeller Bachtal. In diesem schönen Tal genießen wir die Natur. Bald erreichen wir Neuroth mit den vielen Pferdehöfen. Wir kommen kurz auf die Straße (SR64) und biegen zweimal rechts ab.

Kurz vor dem Wald halten wir uns links und gehen bergauf durch in den Hirschleckener Forst (Wanderweg grün 1). Nach einem Kilometer sind wir hindurch und sehen Saulburg vor uns.

Reihe links:
Der Weg am
Auenzeller Bachtal
entlang

Am Pferdehof
und Rotwild-Gehege
Fahrnhaus

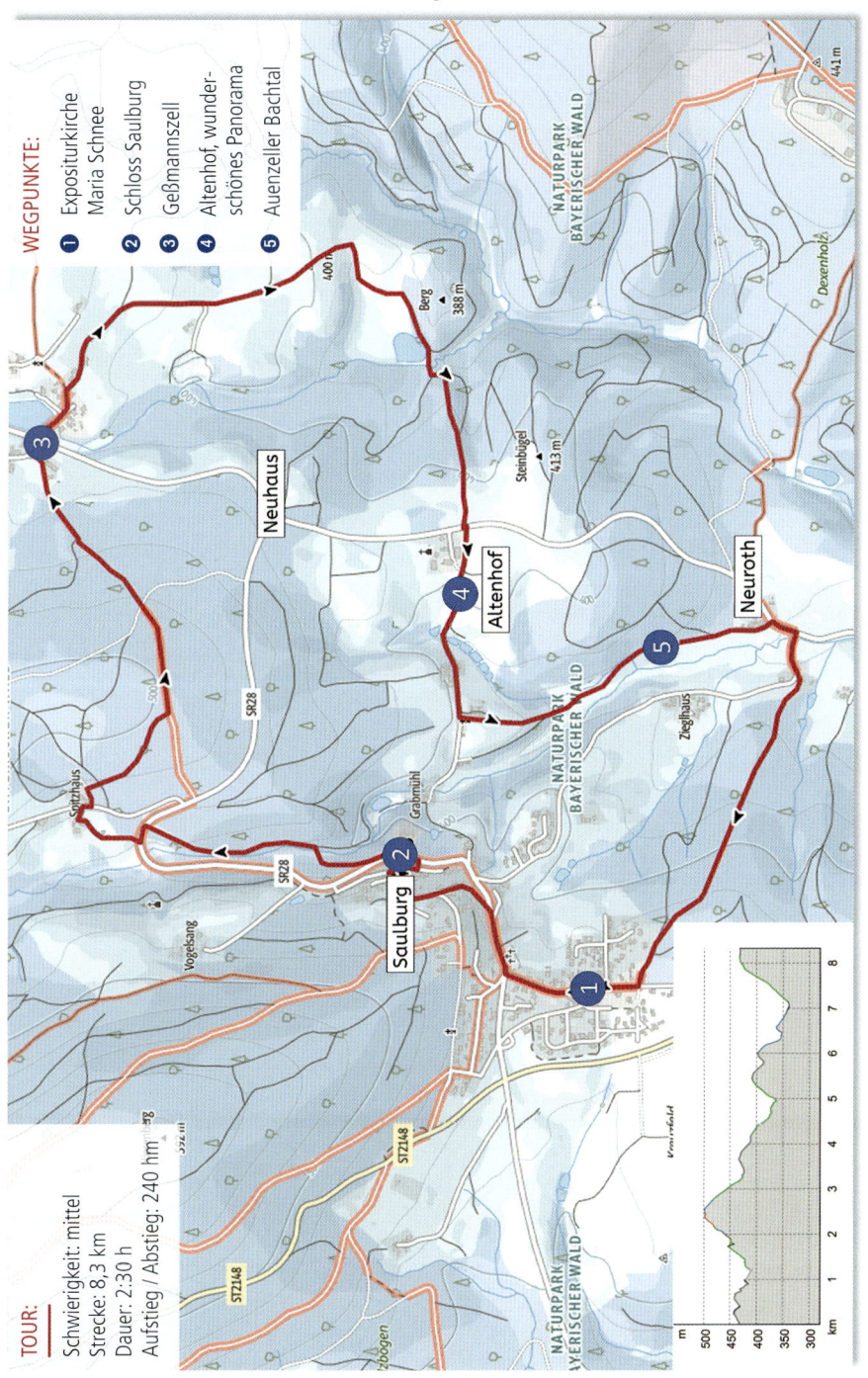

DIE GEMEINDEN IM VORDEREN BAYERISCHEN WALD

- ALTENTHANN
- BERNHARDSWALD
- BRENNBERG
- FALKENSTEIN
- MICHELSNEUKIRCHEN
- RETTENBACH
- WALD
- WIESENFELDEN
- WIESENT
- WÖRTH AN DER DONAU
- ZELL

Das Wandergebiet Vorderer Bayerischer Wald liegt in der Mitte von Bayern und ganz in der Nähe der UNESCO-Welterbestadt Regensburg. Passend zur Landschaft wird der „Vorwald" von den Einwohnern auch der „liebliche" Teil des Bayerischen Waldes genannt und es leben hier etwa 32.500 Menschen.

Die vielen Sehenswürdigkeiten und Veranstaltungen eignen sich für einen Ausflug. Hier finden viele, kleine und feine kulturelle Veranstaltungen statt, wie traditionelles Brauchtum, das hier noch gelebt wird. Theater, Schauspiel und Konzerte in alten historischen Mauern bei uns im Vorderen Bayerischen Wald werden auch Sie begeistern!

Die Wandermöglichkeiten sind auf jeden Fall grenzenlos. Zudem laden gemütliche Radwege und anspruchsvolle Strecken zum Mountainbiken in der vielfältigen Landschaft ein. Weiter finden Sie hier friedvolle Gewässer zum Angeln oder Baden, und im Winter bietet das Winter-Wander-Paradies vielseitigen Winterspaß. Im Vorderen Bayerischen Wald kommen alle Outdoorfans auf ihre Kosten.

ALTENTHANN

Die Gemeinde Altenthann im Landkreis Regensburg liegt nur 20 km nordöstlich von Regensburg im Vorderen Bayerischen Wald. Der sympathische Ort bietet Erholung zu jeder Jahreszeit.

Einem Schloss, das vermutlich zu Beginn des 12. Jahrhunderts erbaut wurde, verdankt der Vorwaldort Altenthann seine Entstehung. Mit den in seiner nahen Umgebung liegenden Ortschaften Adlmannstein, Lichtenberg und das nun zur Gemeinde Altenthann gehörende Lichtenwald mit allen zugehörigen Dörfern, Weilern und Höfen war Altenthann ein Urbestandteil des wilden Staufer-Forstes. Aktuell leben in der Gemeinde etwa 1550 Einwohner in 52 Ortsteilen, Weilern und Einöden.

Wanderziel und Sehenswürdigkeit in der Gemeinde Altenthann ist der in drei Kilometer südlich der Ortschaft Thiergarten liegende und komplett eingezäunte, 2800 Hektar große Fürstliche Thiergarten, ein Naherholungsgebiet mit Rehen, Hirschen, Wildschweinen, Luchsen, Bibern, Fischottern, Schwarzstörchen und anderen Tieren. Er wurde 1813 als Jagdwald der Fürsten zu Thurn und Taxis angelegt.

Das Heimatmuseum des Landkreises Regensburg in Altenthann gibt Einblick in die Entwicklung des bayerischen Vorwaldes und in alte Bräuche und Sammlungen handwerklicher und bäuerlicher Gerätschaften. Es ist immer am ersten Sonntag im Monat geöffnet.

Das Otterbachtal ist mittlerweile ein beliebter Wanderweg. Der Otterbach hat seinen Ursprung im Vorderen Bayerischen Wald am Zusammenfluss von Weismühlbach und Steinbach in Süssenbach. Er fließt durch Süssenbach, Forstmühle, Bruckhäusl, Unterlichtenwald, Hammermühle und mündet dann bei Sulzbach in die Donau.

Einkehrmöglichkeiten bestehen in der Gaststätte Otterbachtal, besser bekannt unter „der Koreawirt" und in der Hammermühle.

Gemeinde Altenthann
Vorwaldstraße 22
93177 Altenthann
Tel. +49 9403 / 95 02-0
(VG-Donaustauf)
Tel. +49 9408 / 240
(Gemeindekanzlei Altenthann –
dienstags von 19.00 – 20.00)
www.altenthann.de

BERNHARDSWALD

Die Gemeinde Bernhardswald liegt im Nordosten des Landkreises Regensburg inmitten der reizvollen Landschaft des Bayerischen Vorwaldes, nur knapp 15 km von Regensburg entfernt und angrenzend an den Landkreis Cham. Bernhardswald wurde im Jahr 1362 zum ersten Mal urkundlich erwähnt. Mittlerweile leben in der Gemeinde etwa 5800 Einwohner in 91 Ortschaften, Weilern und Einöden. Sie ist somit die größte Gemeinde im Vorwald.

Ausflugsziele und Sehenswürdigkeiten in der Gemeinde Bernhardswald: Alte Hofmark, das Bernhardswalder Wahrzeichen wurde 1362 erstmals erwähnt. Die kleine Schlosskapelle wurde 1614 erbaut. Schon im Eingangsbereich der alten Hofmark fühlt man sich beim Anblick der wuchtigen Möbelstücke wie auf einer Zeitreise in längst vergangene Epochen. Heute ist ein Antiquitätengeschäft im Schloss. (Zum Alten Schloss 1, 93170 Bernhardswald)

Das Schloss Kürn war, wie die meisten Schlösser in der Umgebung, ursprünglich eine Burg und wurde im 14. Jahrhundert erbaut. Am Schlossberg treffen wir auf gigantische Felsformationen. Das Schlossgut Hauzendorf ist eine ehemalige Kleinburg mit schlichtem Wohngebäude in einer quadratischen, zweigeschossigen Vierflügelanlage. Die Kapelle besitzt eine für Burgkapellen typische Westempore.

Sehenswert ist in Pettenreuth die im Jahre 1738 barockisierte gotische Pfarrkirche Mariä Himmelfahrt. Pettenreuth wurde 1285 erstmals urkundlich erwähnt.

In Lambertsneukirchen gibt es ein privates Freilichtmuseum mit zahlreichen Bahnartefakten. Unter anderem werden Signalmasten, Schienenteile von 1857, Karbidlampen, eine Steinlore des Falkensteiner Bockerls, renovierte Bahnhofsuhren sowie ein Stellwerkhäuschen gezeigt.

Das romantische Ellbachtal mit dem Bach „Sulzbach" und die Veste Adlmannshof, die erstmals im Jahre 1366 urkundlich genannt wird, liegen an einem schönen Wanderweg.

Die ehemalige Schlossgaststätte Adlmannstein liegt im bayerischen Vorwald zwischen Bernhardswald und Altenthann. Das Gebäude mit dem prächtigen Walmdach stammt aus dem 17. Jahrhundert, die Galerie befindet sich im ehemaligen Stall, der mehrere Jahre lang restauriert wurde und seit 2005 der Kunst und der Begegnung dient. (KUNSTPARTNER.GALERIE Altenthanner Straße 1, Adlmannstein, 93170 Bernhardswald, +499408/1316, info@kunstpartner.eu)

Gemeinde Bernhardswald
Rathausplatz 1
93170 Bernhardswald
Tel. +499407/9406-0
E-Mail: gemeinde.bernhardswald@bernhardswald.de
www.bernhardswald.de

BRENNBERG

Die Gemeinde Brennberg liegt im höchstgelegenen Teil des Landkreises Regensburg. Die Geschichte über Brennberg reicht bis ins 10. Jahrhundert zurück. Im Lauf der Jahrhunderte veränderte sich der Ortsname von Briemberch über Prenberg zu Brennberg. Etwa 2000 Einwohner leben in 27 Ortschaften, Weilern und Einöden. Brennberg ist ein Wanderparadies, wo Sie auch auf den Spuren der Geschichte am „Brennberger Burgensteig" mit Hilfe des Rittersymbols zu verschiedenen Burgruinen wandern können.

Ausflugsziele und Sehenswürdigkeiten in der Gemeinde Brennberg:

Der erste Blick auf Brennberg ist natürlich die Burgruine Brennberg. Die Entstehung der Burg Brennberg ist auf Anfang des 11. Jahrhunderts zurückzuführen. Friedrich von Au baute die Burg deutlich aus, im westlichen Teil entstanden im 14. Jahrhundert der so genannte Auerturm und ein tiefer Ziehbrunnen. Das Burgenareal kann für Hochzeiten oder Feierlichkeiten gemietet werden.

Das Höllbachtal zwischen Brennberg und der Gemeinde Rettenbach ist ein Naturschutzgebiet in Ostbayern. Der Höllbach, welcher sich durch das ganze Tal schlängelt, entspringt bei Wiesenfelden und mündet bei Wörth in die Donau. Das Höllbachtal zählt zu den beliebtesten Ausflugszielen des Vorderen Bayerischen Waldes.

Drei Sehenswürdigkeiten sind im Zentrum von Brennberg: die Pfarrkirche St. Rupert, die auf einen Bau aus dem 17. Jahrhundert zurückgeht, das Spital Brennberg in der Johannisstraße und ein Baudenkmal neben der Kapelle Hl. Johannes Nepomuk.

Das ehemalige Kloster und die Wallfahrtskirche Frauenzell. Die Anfänge von Kloster Frauenzell liegen in einer Einsiedelei. Um 1312 ließen sich die Bürgersöhne Gottfried Puecher aus Straubing und Albert Tuntzlinger aus Donaustauf als Einsiedler in den Wäldern bei Brennberg nieder. Graf Reimar von Brennberg stiftete ihnen 1317/1320 an der Stelle des heutigen Klosters Grund für den Bau von Zellen und Kirche.

Unzählige schöne Felsformationen gibt es in der Gemeinde Brennberg. Am Falkenberg in einem kleinen Wäldchen entdecken wir einen fast freischwebenden Felsentisch, den Kraxenmann mit Rucksack und einen Opferschalen-Felsblock in Gipfelnähe. Auf dem Kirnberg sind Wackelsteine und Schalensteine zu sehen und im Eichelberg-Wald finden Sie einen größeren Wackelstein.

Gemeinde Brennberg
Verwaltungsgemeinschaft
Wörth a.d. Donau
Rathausplatz 1
93086 Wörth a. d. Donau
Tel. +49 9482/9403-0
E-Mail:
info@vg-woerth-brennberg.de
www.stadt-woerth.de

FALKENSTEIN

Zwischen Donau und Regen liegt der Falkensteiner Vorwald. Sein Mittelpunkt ist der Markt und Luftkurort Falkenstein. Der Markt Falkenstein im Landkreis Cham ist ein Ort mit einer mächtigen Burg und großem Schlosspark. Im Jahr 1074 wurde Falkenstein erstmals urkundlich erwähnt. Bereits 1496 besaß der Ort die Marktrechte und seit 1961 ist der Ort ein staatlich anerkannter Luftkurort und bildet das Zentrum für die umliegenden Gemeinden. Mittlerweile leben hier etwa 3500 Einwohner in 53 Ortschaften, Weilern und Einöden.

Nicht nur die weithin sichtbare Burganlage mit dem Museum Jagd und Wild, sondern auch der zweitgrößte Natur- und Felsenpark Bayerns und viele weitere Sehenswürdigkeiten in Falkenstein laden zu einem Besuch ein. Auf der Burg Falkenstein mit Burgturm erhalten Sie am Aussichtspunkt einen herrlichen Blick in den riesigen Felsengarten rund um die Burg.
1967 hat Erbprinz Johannes von Thurn und Taxis die Burg der Marktgemeinde Falkenstein geschenkt, die die Renovierung dieses wertvollen Kulturgutes durchführen und die Burg zum Haus des Gastes ausbauen ließ.
Während die Burg Falkenstein bereits im 11. Jahrhundert errichtet wurde, stammt die Pfarrkirche St. Sebastian aus dem 14. oder 15. Jahrhundert.
Das Falkensteiner Bockerl, wie es im Volksmund hieß, hatte für Falkenstein eine große Bedeutung. Vom 21. Dezember 1913 bis zum 1. Juni 1984 war Falkenstein Endstation für Personenzüge auf der Bahnstrecke Regensburg – Falkenstein. Ein Jahr später, am 2. Juni 1985, wurde der Güterverkehr eingestellt und die Bahnstrecke in den Folgejahren bis 1992 abgebaut und daraufhin ein Rad- und Wanderweg errichtet. Vom Bahnhof in der Bahnhofstraße ist nur noch der Lokschuppen erhalten und das Bahnhofsgebäude wurde leider 1988 abgerissen.
In den Ortsteilen Arrach und Marienstein gibt es schöne Barockkirchen und auch die Landschaft um Falkenstein ist idyllisch und „steinreich". Man findet unzählige Felsgruppen am Semmelberg, Handelsberg und Lauberberg. Am Sengersberg befinden sich außerdem eine kleine Ruine und ein schöner Aussichtspunkt.

Markt Falkenstein
Marktplatz 1
93167 Falkenstein
Tel. +499462/9422-0
E-Mail:
poststelle@markt-falkenstein.de
www.markt-falkenstein.de

VG Falkenstein / Michelsneukirchen / Rettenbach
Tourismusbüro +499462/942220

MICHELSNEUKIRCHEN

Die Gemeinde Michelsneukirchen liegt im Vorderen Bayerischen Wald, im Süden des Landkreises Cham mit der Bezirksgrenze zu Niederbayern. Der Ort Michelsneukirchen wurde erstmals im Jahre 1231 als „Niuwenkirchen" urkundlich erwähnt und vor der Gebietsreform 1978 zählte die Gemeinde mit einer Fläche von 32,83 km² zur zweitgrößten Landgemeinde Bayerns. Knapp 1800 Einwohner leben in 53 Ortschaften, Weilern und Einöden.

Michelsneukirchen ist ein idyllischer Ferienort, ausgezeichnet mit der Goldmedaille im Wettbewerb „Unser Dorf soll schöner werden".

Die waldreiche Gegend lädt ein zum Frische-Luft-Tanken, z. B. rund um das Wandergebiet Dörfling mit Schwammerlstein, bei den Schlupfsteinen am Ronberg Nähe Guthof oder auf dem Panoramaweg nach Ponholz mit Blick bis zu den Bayerwald-Bergen. Auch das reizvolle Kohlmühlbachtal, welches von einem natürlichen Bachlauf durchschnitten ist, bietet eine abwechslungsreiche Wanderung.

Historische Sehenswürdigkeiten im Ort sind die Pfarrkirche St. Michael, das alte Mesnerhaus mit seinem seltenen zweigeschossigen Mansarddach, das Wagnerhaus und das Försterhäusl. Auch das Anwesen der ehemaligen Brauerei Schröttinger Bräu im gleichnamigen Weiler ist sehenswert. Ganz besonderes Augenmerk verdient das sogenannte „Mauthäusl" in St. Quirin, das einst als Zollstation an der Grenze von Bayern zur Pfalz diente. Gleich neben der Wallfahrtskirche St. Quirinus an der Straße zwischen Michelsneukirchen und Falkenstein fanden seit dem Mittelalter bekannte Vieh- und Warenmärkte statt, die seit 2002 als Quermarkt wiederbelebt wurden.

Gemeinde Michelsneukirchen
Straubinger Straße 3
93185 Michelsneukirchen
Tel. +499467/257
Email:
poststelle@michelsneukirchen.de
www.michelsneukirchen.de

VG Falkenstein / Michelsneukirchen / Rettenbach
Tourismusbüro +499462/942220

RETTENBACH

Die Gemeinde Rettenbach ist ein Wanderparadies inmitten der abwechslungsreichen Landschaft des Naturparks „Vorderer Bayerischer Wald". Nicht nur rund um den malerischen Stausee oder entlang des Höllbaches mit seinen bizarren Felsformationen lassen sich viele schöne Fleckchen entdecken. So bieten die Ortsteile Aumbach und Schmalzgrub z. B. einen beeindruckenden Panoramablick über die Donauebene und den Gäuboden.

Erstmals erwähnt wird der Ort im Jahr 912. Aktuell leben in der Gemeinde etwa 1800 Einwohner in 27 Ortsteilen, teils Weilern und Einöden.

Die weitläufige Landgemeinde Rettenbach liegt in einer Talmulde am Höllbach, inmitten des Burgen-Dreiecks Falkenstein, Brennberg und Wörth an der Donau. Rettenbach wurde im Wettbewerb „Unser Dorf soll schöner werden" auf Kreis- und Bezirksebene mit Goldmedaillen ausgezeichnet und erreichte auch auf Bundesebene eine Goldmedaille.

Besonders empfehlenswert ist ein Ausflug in das Naturschutzgebiet „Hölle", ein wildromantisches Wandergebiet. Auch eine Wanderung von Rettenbach zur Tannerlkapelle entlang des malerischen Stausees und dem Damwildgehege ist ein schönes Erlebnis. Sehenswert ist außerdem die Pfarrkirche St. Laurentius in Rettenbach, die Filialkirche St. Nikolaus in Ebersroith und die „Rettenbacher Brille", eine Brücke im Ortskern von Rettenbach. In Aumbach und Schmalzgrub haben Sie einen schönen Panoramablick auf die Donauebene und den Gäuboden. Winterwanderwege und Langlaufloipen machen Rettenbach auch im Winter zu einem lohnenden Ziel.

Gemeinde Rettenbach
Schulstraße 2
93191 Rettenbach
Tel. +49 9462 / 91 00 26
E-Mail: poststelle@rettenbach.de

VG Falkenstein / Michelsneukirchen / Rettenbach
Tourismusbüro +49 9462 / 94 22 20

WALD

Die Gemeinde Wald liegt im Landkreis Cham und ist von dichten Wäldern des Vorderen Bayerischen Waldes besetzt. Im Jahr 1050 wird Wald als kleiner Edelsitz erstmals erwähnt. Es gibt die Gemarkungen Buchendorf, Mainsbauern, Siegenstein, Süssenbach und Wald. Rund 3000 Einwohner leben in den 41 Ortschaften, Weilern und Einöden. Im angrenzenden Roßbach gibt es viele Einkaufsmöglichkeiten.

In der Gemeinde Wald finden wir einen Druidenstein, viele Opfersteine, wahrlich märchenhafte Felsformationen, Wassersteine mit kreisrundem Wasserbecken, und aus dem Mittelalter grüßt Siegenstein.

Die Burgruine Siegenstein ist nach Überlieferung auf ein Alter von etwa 1000 Jahren festzusetzen. Bereits zum Anfang des 16. Jahrhunderts ist die Burg baufällig geworden. 1606 liegt die Anlage bereits in Trümmern. Die Kapelle neben der Burgruine ist dem heiligen Georg als auch bezeichnenderweise dem heiligen Laurentius geweiht. Der gut erhaltene Bruchsteinbau mit Eckquadern, der neben romanischen auch gotische Bauformen aufweist, stammt aus dem 13. Jahrhundert.

Die direkt an Wald vorbeiführende frühere Bahnstrecke von Falkenstein nach Regensburg wurde zu einem Geh- und Radweg ausgebaut.

Sehenswert sind die Pfarrkirche St. Laurentius in Wald, die Expositurkirche St. Jakobus in Süssenbach, die Wehrkirche St. Ägidius in Schönfeld und die Kapelle Heiligbrünnl.

Auch die Touren am Katzenbuckel, dem Plattenberg und dem Hohen Fels vorbei oder am Pfaffenstein versprechen „steinreiche" Felsformationen.

Gemeinde Wald
Verwaltungsgemeinschaft
Wald / Zell
Hauptstraße 14
93192 Wald
Tel. +49 9463 / 8404-0
E-Mail: poststelle@vg-wald.de
www.vg-wald.com

WIESENFELDEN

Die Gemeinde Wiesenfelden, als einzige Gemeinde im Landkreis Straubing/Bogen, liegt auf einer Hochebene des Vorderen Bayerischen Waldes. Sie zählt zu den größten Kommunen im Landkreis Straubing/Bogen und liegt im Falkensteiner Vorwald. Die erste urkundliche Erwähnung von Wiesenfelden stammt aus dem Jahre 1105. Aktuell leben etwa 3780 Einwohner in 87 Ortschaften, Weilern und Einöden in der Gemeinde.

Beim Bundeswettbewerb 2014 „Unser Dorf hat Zukunft" wurde Wiesenfelden auf Bezirksebene mit der Goldmedaille ausgezeichnet. Das Naturschutzgebiet Weiherlandschaft bei Wiesenfelden ist einmalig, vor allem mit dem barrierefreien Rundweg um den Beckenweiher. Der Weg führt auch über den 110 Meter langen Naturbeobachtungssteg. Weitere Naturerlebnisorte sind der große und kleine Hammerweiher, der Neuweiher sowie das Niedermoor „Brandmoos". Sehenswert ist das Schloss Wiesenfelden, ein ehemaliges Hofmarkschloss. Es ist heute im Besitz von Hubert Weinzierl und beherbergt ein Umweltinformationszentrum mit Museum.

Das sich in Privatbesitz befindende Schloss Saulburg wurde 1569 errichtet und stammt im Kern aus dem 12. Jahrhundert. In der Schlossanlage befindet sich die katholische Schlosskapelle St. Aegidius, ein Rokokobau von 1754.

Der Bücherl (740 m) ist der höchste Berg der Weiher-Gemeinde Wiesenfelden sowie im Falkensteiner Vorwald. Er trägt eine unbewirtschaftete Schutzhütte und die Aussichtskanzel „Büscherl", die einen Blick zu den höchsten Bergen des Bayerischen Waldes sowie über den Gäuboden hinweg bis zu den Alpen ermöglicht.

Unzählige schöne Kirchen finden wir in der Gemeinde Wiesenfelden. Die Pfarrkirche Mariä Himmelfahrt in Wiesenfelden wurde 1764 unter Verwendung eines gotischen Chores und mittelalterlicher Bauteile von Turm und Langhaus errichtet. Sie besitzt bemerkenswerte Holzfiguren aus der Zeit um 1700. Die Filialkirche St. Georg in Auenzell wurde um 1500 erbaut. Die Wallfahrtskirche St. Magdalena in Heilbrunn stammt aus dem Jahre 1674. Der Marienwallfahrtsort Heilbrunn wird seit dem 17. Jahrhundert von Pilgern besucht. Dabei waschen sich die Pilger mit dem Heilwasser des Heilbrunnens und hoffen so auf Heilung. Die Expositurkirche Maria Schnee in Saulburg stammt aus dem Jahr 1698 und die Expositurkirche St. Michael in Zinzenzell wurde 1876 neu erbaut. Die Kapelle Höhenberg wurde 1972 errichtet und liegt am Wanderweg Nr. 5.

Gemeinde Wiesenfelden
Georgsplatz 1
94344 Wiesenfelden
Tel. +499966/9400-16
E-Mail: gemeinde@wiesenfelden.de
www.wiesenfelden.de

WIESENT

Die Gemeinde Wiesent im Landkreis Regensburg liegt eingebettet in den Donauniederungen am Fuße der Ausläufer des Bayerischen Waldes und ist von Regensburg aus über die A3 mit eigener Ausfahrt schnell zu erreichen. Das Dorf liegt etwa drei Kilometer von der Donau und einen Kilometer von der nächstgelegenen Stadt Wörth an der Donau entfernt.

Die idyllische Lage, die gute Anbindung an größere Städte und das Engagement vieler Bürger machen Wiesent zu einer Gemeinde, in der man sich wohlfühlen kann. Aus dem Schatten der Geschichte tritt Wiesent im Jahr 780. Ein Ritter namens „Hito von Wisint" schenkt in diesem Jahr dem Kloster Niederaltteich 36 Tagwerk Grund bei dem Weiler Wysunte. Seit dieser Zeit ist der Ort zwischen dem bayerischen Vorwald und der Donauregion gewachsen. Immer mehr Menschen siedelten sich an, viele jungen Leute bleiben ihrer Heimat treu, so dass mittlerweile über 2600 Einwohner in der Gemeinde ein Zuhause haben.

Wandern als Freizeitbeschäftigung wird immer beliebter, in der Umgebung von Wiesent gibt es einige Strecken, die durch die wunderbare Natur führen. Sehenswerte Ziele sind die Burgruine Heilsberg und die Einsiedelei zwischen Wiesent und Dietersweg. In Richtung Frauenzell geht es zum Nepal-Himalaya-Park, einer beeindruckenden Gartenanlage mit dem imposanten Nepal-Himalaya-Pavillon. Entlang des ehemaligen Donaudammes führt der Weg nach Kruckenberg und zur Donau. Der Zick-Zack-Weg endet am Bildungshaus Hermannsberg, an dem der Franziskusweg zum Innehalten einlädt.

Schon von Weitem zieht das Wiesenter Schloss aus der Barockzeit die Aufmerksamkeit der Besucher auf sich. Schon 1264 stand an dieser Stelle eine Festung. Die Burgruine Heilsberg ist eine Höhenburg auf 420 m ü. NN, etwa 200 Meter südöstlich des Ortsteils Pangerlhof der Gemeinde Wiesent. Der Ortsteil Dietersweg wird erstmals im Jahre 1422 genannt. Die schöne kleine katholische Nebenkirche St. Bartholomäus aus dem Jahr 1896 ist eine neugotische Kirche. Im Jahr 1902 wurde die Kirche in Dietersweg erst eingeweiht. In den Weinbergen in Kruckenberg gedeiht der Baierwein, der bereits im 8. Jahrhundert in einer Urkunde erwähnt wurde. Das Dorf liegt im zweitkleinsten Weinanbaugebiet Deutschlands und an der kleinsten Weinroute, die mit 20 Kilometern Länge die kürzeste Weinstraße Deutschlands ist.

Gemeinde Wiesent
Bahnhofstraße 1
93109 Wiesent
Tel. +49 9482 / 90958-0
E-Mail: gemeinde.wiesent@realrgb.de
www.wiesent.de

WÖRTH AN DER DONAU

Die Stadt Wörth an der Donau im Landkreis Regensburg liegt idyllisch eingebettet zwischen Lerchenhaube (446 m), Herrnberg (399 m), Schlossberg (380 m) und Königsberg (373 m). Hier an den Ausläufern des Bayerischen Waldes, des größten Waldgebirges Europas, schieben sich die Erhebungen bis an den großen Strom, die Donau und an den Gäuboden heran.

In der Stadtgemeinde treffen zwei unterschiedliche Naturräume aufeinander: der bergige Falkensteiner Vorwald, ein Teil des Bayerischen Waldes im Norden, und die südlich angrenzende Ebene des Gäubodens. Hier durchfließt die Wiesent den Ortsteil Oberachdorf und mündet an der Gmünder Au in die Donau. Die Stadtgemeinde hat eine reiche Geschichte: So gilt als erstes Indiz für die Existenz Wörths eine zwischen 768 und 788 n. Chr. verfasste Schenkungsurkunde. Im ausgehenden 15. Jahrhundert bekam Wörth die Marktprivilegien mit städtischer Verfassung, nachdem es bereits um 1340 das Marktrecht besessen hatte. 1954 wurde Wörth an der Donau zur Stadt erhoben und aktuell leben etwa 5000 Einwohner in 29 Ortschaften, Weilern und Einöden in der Stadtgemeinde.

Das mächtige Schloss im Renaissancestil hat Festungscharakter, ist vollständig erhalten und zählt zu den großen Schlössern in Ostbayern. Es geht auf eine Fliehburg des 10. Jahrhunderts zurück. Im Stadtzentrum befinden sich das 1892 im Neurenaissancestil erbaute Rathaus, die Hofapotheke mit geschichtlich interessanten Wappentafeln an der Fassade und die ehemalige Hofapotheke, die im klassizistischen Stil errichtet ist. In der Schlossstraße befinden sich zahlreiche Bauten aus dem 16. und 17. Jahrhundert sowie weitere geschichtsträchtige Gebäude. Eine weitere Landmarke ist der 50 Meter hohe Turm der Pfarrkirche St. Peter, die auf einen Bau aus dem 13. Jahrhundert zurückgeht. Auf dem Herrnberg in Wörth steht die 1713 errichtete Pestkapelle.

Außerdem sehenswert ist die Gmünder Au sowie der Ort Tiefenthal mit seiner Bergkirche St. Ulrich. Dieser wird in einer Urkunde von 1179 erstmals erwähnt. In der Stadtgemeinde sind außerdem die schöne Expositurkirche St. Michael in Hofdorf, die Filialkirche St. Jakobus in Kiefenholz und die Nebenkirche St. Matthäus in Zinzendorf empfehlenswert.

Stadt Wörth an der Donau
Verwaltungsgemeinschaft
Wörth a. d. Donau
Rathausplatz 1
93086 Wörth a. d. Donau
Tel. +49 9482/9403-0
E-Mail:
info@vg-woerth-brennberg.de
www.stadt-woerth.de

ZELL

Die Gemeinde Zell im Landkreis Cham ist ein reizvoller Ort östlich von Regensburg – in einem Tal gelegen ist es umschlossen von Mantelberg, Geißberg und Tannfels. Der Name Zell leitet sich von einer klösterlichen Gründung ab. Im Jahre 1326 wurde der Pfarrort erstmals erwähnt. Etwa 1830 Einwohner leben hier in 51 Ortschaften, Weilern und Einöden.

Ausflugsziele und Sehenswürdigkeiten in der Gemeinde Zell:
Auf Burgruine Lobenstein erwartet Sie ein herrlicher Ausblick auf das Zeller Tal und den Vorderen Bayerischen Wald. Die Burgruine ist ganzjährig frei zugänglich. Über eine Stahltreppe erreicht man das obere Stockwerk mit wunderbarer Aussicht über die hügelige Landschaft des Vorderen Bayerischen Waldes bis hin zu den Bayerwaldbergen.
Nördlich davon finden Sie das Naturdenkmal Helfenstein, eine Ansammlung von Steinriesen aus der Megalithkultur. Dom des Vorwaldes wird die große, neugotische Kirche in Zell genannt. Stattliche 54 m misst der Kirchturm. In den Ortsteilen Hetzenbach und Martinsneukirchen kann historische Kirchenbaukunst bewundert werden. Ruhige Orte der Stille und Andacht in einer oft hektischen Zeit.

Zur Wanderung gehört auch eine Einkehr in ein gutbürgerliches Gasthaus. Der Lindenhof in Hetzenbach oder die Schlossbrauerei Schwarzfischer in Zell laden dazu ein. Auf dem Goldsteig von Zell nach Falkenstein kann nochmals eine große Felsengruppe, die Heiligenkammer, bestaunt werden. Hier sollen sich Eremiten vor drohender Gefahr versteckt haben.

Viele kleine Aussichtspunkte entlang der Wanderwege machen diese Region zu einem Geheimtipp.

Gemeinde Zell
Verwaltungsgemeinschaft
Wald / Zell
Hauptstraße 22
93199 Zell
Tel. +49 9468 / 90 67 31
E-Mail:
poststelle(at)gemeinde-zell.de
www.vg-wald.com

DIE EINKEHRMÖGLICHKEITEN

Gasthof Pension Metzgerei Jäger

Michelsneukirchen

Zum Mittag- oder Abendessen, zur Brotzeit, zum Kaffeetrinken und Eisessen auf die Terrasse, in die gemütlichen Goiräume oder den neuen Wintergarten.

Speisen mit frischen und ausgezeichneten Waren aus der eigenen Metzgerei.

Familientradition seit 1892

Internet: gasthof-jaeger.de
Tel: 09467-255

BEWEGUNG IN DER NATUR MACHT DURSTIG UND HUNGRIG …

Unsere gemütlichen Gasthäuser laden zur Einkehr während oder nach der Wanderung ein. Ob Obatzda, Spanferkelbraten, Schwammerl mit Knödel, süße Dampf- oder Rohrnudel mit Vanillesoße, eine deftige Brotzeit oder ein gepflegtes Bier aus dem Vorderen Bayerischen Wald:

Eine Vielzahl von Gasthäusern und Restaurants bietet uns die gute Vorwaldküche mit bodenständigen Schmankerln und auch mal deftigen Speisen. Nach unserer Wanderung können wir einkehren:

93177 Altenthann

Waldcafé Otterbachtal, Bruckhaus 1 im Otterbachtal, Tel. +499408-555
Bayerische Küche – Spezialitäten, geräucherte Forellen
Öffnungszeiten: Mi – So ab 13.00 Uhr, Montag/Dienstag geschlossen,
Biergarten, Ausflugsgaststätte für Radler und Familien

Jagdschloss Thiergarten, Golf- und Land-Club Regensburg e.V.,
Tel. +499403-505, www.golfclub-regensburg.de
Unser Lokal steht auch Nichtgolfern jederzeit offen!
Öffnungszeiten: Mo 12.00 – 18.00 Uhr, Di – So ab 10.00 Uhr

93170 Bernhardswald

Gasthaus Gassner, Zum Stillen Tal 12, Erlbach, Tel. +499407-2248
Bayerische Küche
Öffnungszeiten: tgl. ab 9.00 Uhr, Mittwoch Ruhetag

Gasthof und Tanzcafé Hecht, Mauth 1, Tel. +499436-416
Bayerische Küche
Öffnungszeiten: Mittwoch – Sonntag; jeden Sonntag ab 14.00 Uhr Tanzveranstaltungen

Gasthaus Lingauer, Dorfstraße 1, Bernhardswald, Tel./Fax +499407-30708
Bayerische Küche, eigene Metzgerei
Öffnungszeiten: 9.00 – 22.00 Uhr, Fr – So 9.00 – 1.00 Uhr, Dienstag Ruhetag

Gasthaus Weigert, Drei-Tannen-Str. 1, Lehen, Tel. +499463-242
Gutbürgerliche Küche, eigene Metzgerei
Öffnungszeiten: 8.00 – 24.00 Uhr, Montag Ruhetag

Gaststätte Zur Post, Schlossplatz 4, Kürn, Tel. +499407-810529
Bayerische Küche, Biergarten
Öffnungszeiten: Di 11.00 – 14.00; Mi – Sa 11.00 – 1.00; So 9.00 – 1.00 Uhr, Montag Ruhetag

Gasthaus Zur Hütt'n, Thonseign 1, Tel. +499407-1803
Öffnungszeiten: Mo – Do 17.00 – 23.00, Fr 15.00 – 1.00, Sa 11.00 – 1.00, So 10.00 – 23.00 Uhr

Gaststätte Radlbahnhof, Erlbacher Str. 2, 93170 Bernhardswald/Erlbach

Sportgaststätte Bernhardswald, Kreuther Str. 24, 93170 Bernhardswald,
Tel. +4994073875, www.sg-hiltl.de/

93179 Brennberg

Café Kernbichl, Reimarstr. 9, Brennberg, Tel. +499484-259; -565 (privat)
Tagescafé mit eigener Konditorei
Öffnungszeiten: Sonn- und Feiertag ab 12.00 Uhr; wochentags für Gruppen nach Anmeldung,
Wochentags Kaffee-Ecke in der Bäckerei in der Reimarstraße 12

Gasthaus Doblinger, Bruckbach 29, Bruckbach, Tel. +499484-323
Essen nur nach Reservierung für Gruppen, Familienfeiern usw.
Öffnungszeiten: tgl. ab Nachmittag

Gasthaus Lehrer, Frauenzell 66, Frauenzell, Tel. +499484-474
Essen nur nach Reservierung für Gruppen, Familienfeiern usw.
Öffnungszeiten: tgl. abends

Gasthaus Niebauer, Bruckbach 8, Bruckbach, Tel. +499484-284
Getränkeausschank
Öffnungszeiten: tgl. abends

Gasthaus Wagner, Reimarstr. 6, Brennberg, Tel. +499484-240
Gutbürgerliche Küche/Buffet oder Essen nur nach Reservierung für Familienfeiern
Öffnungszeiten: tgl.

Gasthaus Zum Löwen, St. Rupertstr. 8, Brennberg, Tel. +499484-293
Snacks, Bar, Treff für Jung und Junggebliebene
Öffnungszeiten: tgl. ab 18.00 Uhr; Montag Ruhetag

Gasthaus Zur Burg, St. Rupertstr. 3, Brennberg, Tel. +499484-281
Gutbürgerliche Küche, Brotzeitkarte (kalt/warm), Biergarten, Weißbierstadel, Sonnenterrasse, Burgblick
Öffnungszeiten: Sonn- und Feiertag von 11.00 bis 14.00 Uhr Mittagstisch, sowie nach Vereinbarung;
Mo – Mi 16.00 – 24.00; Fr + Sa 13.00 bis 24.00; So + Feiertag 9.00 – 24.00 Uhr;
Sonntag Mittagstisch, Donnerstag Ruhetag

Holzofenkuchl, Reimarstr. 5, Brennberg, Tel. +499484-287
Gutbürgerliche Küche, Erlebnisgastronomie, Wildgerichte, Biergarten,
eigene Metzgerei, durchgehend warme Küche
Öffnungszeiten: tgl. 10.00 – 24.00 Uhr, Dienstag Ruhetag

Spital, Johannisstr. 13, Brennberg Irmgard Sauerer, Tel. +491711990872, Toni Beiderbeck,
Tel. +499484951 9794; Reingard Hösl, Tel. +4917683103125
Das Spital ist nur mehr an Aktionstagen geöffnet, kann aber für Privatfeiern angemietet werden.
Öffnungszeiten: nur an Aktionstagen geöffnet – Das Spital kann für private Feiern angemietet werden!

93167 Falkenstein

Burggaststätte Falkenstein, Burgstr. 10 – 12, Falkenstein, Tel. +499462-91112 9
Delikate Speisen aus der Region
Terrasse, Tagungen, Hochzeitsfeier, sämtliche Feste und Jubiläen, Burghofspiele
Öffnungszeiten: Oktober – Juni: Do – So ab 11.00 Uhr und auf Anfrage!
Juli – September: tgl. ab 11.00 Uhr

Gasthaus Biendl, Dorfstraße 13, Arrach, Tel. +499462-301
Gutbürgerliche Küche
Öffnungszeiten: Mo – Sa; Sonntagstisch; Essen nur nach Reservierung für Gruppen, Familienfeiern usw.

Gasthaus Eder, Marienstein 5, Au-Marienstein,
Tel. +499462-221 oder 375 (privat)
Gutbürgerliche Küche, bayerische Spezialitäten, Biergarten mit Aussicht, Sonntag mit warmer Küche,
Essen für Gruppen u. Familienfeiern nach Reservierung;
Öffnungszeiten: tgl. ab 10.00 Uhr, Montag Ruhetag

Gasthaus Herrmann, Erpfenzell 12, Tel. +499462-303
Essen nur nach Reservierung für Gruppen, Familienfeiern usw.
Öffnungszeiten: tgl. geöffnet, Montag Ruhetag

Gasthaus Simmel, Woppmannszell 5, Tel. +499462-313
Gutbürgerliche Küche, Gästebetten
Öffnungszeiten: Fr, Sa ganztägig, sonst nach Bedarf; Sonntag Ruhetag

Gaststätte „Zur Hütt'n", Marion Meier, Oberforst 3, Tel. +49157-58306752, Tel. +499462-8659573
Schank- und Speisewirtschaft
Sommeröffnungszeiten: Di – Sa ab 11.30 Uhr, So ab 10.00 Uhr; Montag Ruhetag;
Reservierung erwünscht.

Gasthof Zur Post, Marktplatz 8, Falkenstein, Tel. +499462-213
Gutbürgerliche Küche, bayerische Spezialitäten, Biergarten, Gästebetten
Öffnungszeiten: tgl. 7.00 – 23.00 Uhr; kein Ruhetag; durchgehend warme Küche

Maria's Pension-Restaurant, Kaiserweg 11, Falkenstein, Tel. +499462-5116
Deutsche und Südtiroler Küche, Südtiroler Schmankerl
Öffnungszeiten: tgl. von 8.00 – 24.00 Uhr, warme Küche von 18.00 – 21.30 Uhr sowie
Mittagstisch am So, Dienstag Ruhetag

Pizzeria Laguna Blue, Kirchbergstr. 3, Falkenstein, Tel. +499462-322
Italienisches Restaurant, Pizzeria, Originalrezepte, Fisch, Hausweine
Öffnungszeiten: tgl. von 11.30 – 14.00 Uhr und 17.30 – 24.00 Uhr,
Montag Ruhetag, durchgehend warme Küche

93185 Michelsneukirchen

Gasthaus Daniel, Regelsmais 3, Tel. +499467-268
Essen nur nach Reservierung für Gruppen, Familienfeiern usw.
Öffnungszeiten: tgl.

Gasthof-Pension Jäger, Hauptstraße 1, Michelsneukirchen, Tel. +49170-8167436, +499467-255
Gutbürgerliche, bayerische und internationale Küche, eigene Metzgerei
Öffnungszeiten: tgl. 7.00 – 24.00 Uhr, Montag Ruhetag

Landgasthof Stubenhofer-Sturm, Rodinger Straße 2, Michelsneukirchen, Tel. +499467-287
Gutbürgerliche, bayerische Küche, eigene Metzgerei und Saal für versch. Anlässe
Öffnungszeiten: Mo, Mi, Do und Fr ab 16.00 Uhr und Sa und So ab 10.00 Uhr geöffnet,
Dienstag Ruhetag

Restaurant Michlhof, Hauptstraße 19, Michelsneukirchen, Tel. 09467-952
Gutbürgerliche, bayerische Küche mit regionalen und mediterranen Schmankerln
Öffnungszeiten: Do, Fr, Sa ab 17.00 Uhr, Sonn- und Feiertage ab 11.00 Uhr durchgehend geöffnet

93191 Rettenbach

Gasthaus Aumbach „Zum Jagawirt", Aumbach 117, 93191 Rettenbach, Tel. +49 9484-89 69 88
bayerische, regionale Jahreszeitenküche, Biergarten, gemütliches Jagastüberl, Nebenraum und Saal.
Reservierung für Gruppen und Familienfeiern.
Öffnungszeiten: Mi, Do, Fr 17.00 – 23.00 Uhr; Sa, So und Feiertag 11.30 – 23.00 Uhr,
Montag und Dienstag Ruhetag

Gasthaus Wagner – Alter Wirt, Dorfstraße 9, Rettenbach, Tel. +49 9462-496
Essen nur nach Reservierung für Gruppen, Familienfeiern usw.
Öffnungszeiten: Mo – Mi nach Anfrage; Do 17.00 Uhr – 24.00 Uhr; Fr – So 10.00 – 24.00 Uhr

Hofstube Röhrenhof, Röhrenhof 1, Zumhof, Tel./Fax +49 9484-234
Gutbürgerliche Küche, preiswert, Biergarten, Ferienwohnungen
Öffnungszeiten: tgl. ab 11.00 Uhr, Montag Ruhetag, durchg. warme Küche

Rettenbacher Hof – Gasthaus Höcherl, Dorfstr. 18, Rettenbach, Tel. +49 9462-1049
Bayerische Spezialitäten, herzhafte Steakgerichte, exklusiver Partyservice,
neuer Saal für bis zu 250 Pers., eigene Metzgerei, 2 Bundes-Kegelbahnen
Öffnungszeiten: Gasthof 10.00 – 24.00 Uhr, Montag Ruhetag

93192 Wald

Gasthaus Eder, Erna Eder, Maiertshofer Str. 1, Mainsbauern, Tel./Fax. +49 9408-1451
Gutbürgerliche Küche, Gaststube und Saal für Hochzeiten, Feiern, Tanzveranstaltungen usw.,
Essen nur nach Reservierung für Gruppen, Familienfeiern usw.
Öffnungszeiten: auf Anfrage und bei Veranstaltungen

Gasthaus Jäger, Siegensteiner Str. 7, Süssenbach, Tel. +49 9408-384
Tanzlokal
Öffnungszeiten: Wochenendbetrieb

94344 Wiesenfelden

Gasthaus Himmelstoß, Höhenberg, Tel. +49 9966-487
Essen nur nach Reservierung für Gruppen, Familienfeiern usw.
Öffnungszeiten: kein Ruhetag

Gasthaus Steudl, Wirtsstraße 7, Heilbrunn, Tel./Fax +49 9966-734
Bayerische Küche, positive Restaurantkritik im Qualitätsgastgeber, Ausflugsgaststätte
Öffnungszeiten: tgl. 8.00 – 24.00 Uhr, Montag und Dienstag Ruhetag

Gasthaus Tremmel, Thurasdorf, Tel. +49 9966-445
Essen nur nach Reservierung für Gruppen, Familienfeiern usw.
Öffnungszeiten: kein Ruhetag

Gasthaus „Zum Löwen", Dorfstr. 14, Zinzenzell, Tel. +49 9966-321
Bayerische Spezialitäten, Biergarten, Metzgerei mit eigener Schlachtung, mittwochs Kesselfleischessen,
von Juni bis Mitte September donnerstags Grillabend
Öffnungszeiten: tgl. von 8.00 bis 24.00 Uhr geöffnet, Dienstag Ruhetag

Gasthaus „Zur Grünen Au", Geraszell, Tel. +49 9966-324
Essen nur nach Reservierung für Gruppen, Familienfeiern usw.
Öffnungszeiten: Montag und Dienstag Ruhetag

Gasthaus „Zur Post", Straubinger Str. 4, Wiesenfelden, Tel. +49 9966-285
Gutbürgerliche Küche, Bayer. Brotzeiten, Biergarten, täglich durchgehend warme Küche
Öffnungszeiten: Montag Ruhetag

Landgasthof Dirrigl, Höhenberg 23, Tel./Fax +49 9966-225
Deftige Brotzeiten, jeden letzten Sonntag im Monat Markttag, Bauern- und Kleintiermarkt
Öffnungszeiten: tgl. 9.00 – 1.00 Uhr, Dienstag Ruhetag

Waldgasthof Schiederhof, Schiederhof 2, Mobil +49 160-7261705, Tel. +49 9966-282
Gutbürgerlicher Ausflugs- und Urlaubsgasthof
Abwechslungsreiche Küche, Fischspezialitäten, Wildgerichte
Öffnungszeiten: Sa und So ab 9.30 Uhr durchgehend; Mo, Mi – Fr ab 11.30 Uhr durchgehend geöffnet;
Dienstag Ruhetag

93109 Wiesent

Café / Schlosscafé Lintelo, Schlossplatz 1, Tel. +49 9482-3300
Café – Bistro für Jung und Alt in historischen Mauern des Schlosses. Schöner Biergarten, feine Speisen, gepflegte Getränke, hausgemachte Kuchen; außerhalb der Öffnungszeiten besteht die Möglichkeit nach tel. Vereinbarung das Café zu öffnen.
Öffnungszeiten: Di und Mi 18.00 – 24.00 Uhr, Fr 18.00 – 1.00 Uhr,
Sa 14.00 – 1.00 Uhr, Sonn- und feiertags 10.00 – 23.00 Uhr

Gaststätte Reiterstüberl, Fmejkal David, Waffenschmiede 1,
Tel. +49 171-8331820, www.reiterstueberl-wiesent.de
Gutbürgerliche Küche, Stüberl mit bayerischer Gemütlichkeit und ruhigem Biergarten.
Frische und deftige Brotzeiten.
Öffnungszeiten: Mi, Do von 17.00 – 22.00 Uhr; Fr 17.00 – 23.00 Uhr;
Sa 11.00 – 23.00 Uhr; So 11.00 – 22.00 Uhr; Montag und Dienstag Ruhetag

Gasthaus Fichtl, Schloßplatz 5, Tel. +49 9482-1758
Gutbürgerliche Küche, Brotzeitkarte (kalt/warm)
Öffnungszeiten: sonn- und feiertags, von 11.00 – 14.00 Uhr Mittagstisch, sowie nach Vereinbarung

Gaststätte Liebl, Schloßplatz 7, Tel. +49 9482-2546
Gutbürgerliche Küche, Brotzeitkarte (kalt/warm)
Öffnungszeiten: sonn- und feiertags, von 11.00 – 14.00 Uhr Mittagstisch, sowie nach Vereinbarung

Gastwirtschaft Schellerer, Schloßplatz 3, Tel. +49 9482-2169
Gutbürgerliche Küche, Brotzeitkarte (kalt/warm)
Öffnungszeiten: sonn- und feiertags, von 11.00 – 14.00 Uhr Mittagstisch, sowie nach Vereinbarung

Gasthaus Mühlbauer, Dietersweg 5
Essen nur nach Reservierung für Gruppen, Familienfeiern usw.

Gasthaus Schindler, Dietersweg 30, Tel. +49 9482-882
Essen nur nach Reservierung für Gruppen, Familienfeiern usw.

Weinstube „Zum Kruckenberger", Irmgard Riedl, Kruckenberg 64,
Tel. +49 9482-1683, www.zum-kruckenberger.de
Weinstube – Ausflugslokal, eigener Weingarten; Produktion und Ausschank
des Regensburger Landweins; herzhafte Brotzeiten, leckere Suppen und deftige Hausmannskost;
Busse sind willkommen, bitte unbedingt vorher anmelden unter Tel. +49 170-3180334.
Öffnungszeiten: tgl. ab 14.00 Uhr, Dienstag Ruhetag

93086 Wörth an der Donau

Bistro im Kino Doli, Donaustraße 7, Wörth, Tel. +499482-2720
Süßigkeiten, Snacks und Getränke

Cafeteria im Hallenbad, Gschwelltalstraße 10, Wörth, Tel. +499482-3748
Bistro, Snackbar, Cafeteria im Wörther Hallenbad; Ausrichtung von Kindergeburtstagen

Gasthaus Am See, Weihern 2, Tel. +499482-1043
Gutbürgerliche Küche

Gasthaus Lutz, Zinzendorf 55, Tel. +499482-1671
Essen nur nach Reservierung für Gruppen, Familienfeiern usw.

Gasthaus Pflamminger, Dorfplatz 3, Hofdorf, Tel. +49175-4120890, +499482-1770
Gutbürgerliche Küche, Bayerische Schmankerl, Internationale Spezialitäten
Terrasse, Wintergarten, Biergarten, Kegelbahn, Gästebetten
Öffnungszeiten: tgl. 7.00 – 1.00 Uhr von September bis März; Montag Ruhetag; durchg. warme Küche

Gasthaus Peutl, Kiefenholz 23, Tel. +499482-1738
Essen nur nach Reservierung für Gruppen, Familienfeiern usw.

Gasthof Butz, Kirchplatz 3, Wörth, Tel. +499482-9510
Gutbürgerliche bayerische Küche, eigene Metzgerei, Biergarten, Gästebetten
Öffnungszeiten: Mo 8.00 – 14.00 Uhr; Di – So 8.00 – 22.00 Uhr;
warme Küche 11.00 – 14.00 Uhr und 17.00 – 21.00 Uhr
Brotzeitkarte von 14.00 – 17.00 Uhr

Gasthof Geier, Josef-Feller-Str. 1, Wörth, Tel. +499482-2250
Gutbürgerliche bayerische Küche, Kegelbahn, Gästebetten
Öffnungszeiten: Mo – Fr ganztägig; Sa auf Anfrage; So 11.00 – 13.15 Uhr;
Mittwoch ab 13.00 Uhr Ruhetag

Gasthof Stadlbauer, Hungersacker 6, Tel. +499482-1737
Essen nur nach Reservierung für Gruppen, Familienfeiern usw.

Pizzeria La Posta, Ludwigstraße 5, Wörth, Tel. +499482-2396
Restaurant / Café / Eiscafés; Internationale Küche
Öffnungszeiten: tgl. 11.30 – 13.30 Uhr und 17.00 – 23.00 Uhr

Rathaus-Café Rösch, Rathausplatz 5, Wörth, Tel. +499482-1521
Café / Eiscafé
Öffnungszeiten: tgl. 9.00 – 18.00 Uhr, Dienstag Ruhetag

Taverna Kranetas, Ludwigstraße 9, Wörth an der Donau,
Tel. +499482-909 9001 und +49151-45561392
Griechisches Restaurant
Öffnungszeiten: Di – So 11.00 bis 14.00 Uhr und 17.00 bis 23.00 Uhr; warme Küche bis 21.45 Uhr

Weinhandel Baumann, Osterbachstr. 10, Wörth
Getränkehandel, Weinstube

Weinstube Kerscher, Morgensternweg 3, Hofdorf, Tel. +499482-3063
Weinstube

Zur Rutsch'n, Josef-Feller-Straße 5, Wörth, Tel. +499482-93816 oder +49171-6304644
nur Brotzeiten, Essen nur nach Reservierung für Gruppen, Familienfeiern usw.
Öffnungszeiten: Do, Fr, Sa

93199 Zell

Gasthaus Zur Post, Hauptstr. 11, Zell, Tel. +49 9468-3 92
Gutbürgerliche Küche, Essen nur nach Reservierung für Gruppen und Familienfeiern usw., eigene Metzgerei und Edeka-Markt
Öffnungszeiten: tgl., Donnerstag Ruhetag

Lindenhof, Regensburger Str. 11, Hetzenbach, Tel. +49 9468-2 05-8 40
Prämierte Küche, Wildspezialitäten aus eigener Jagd, eigene Fischgewässer
Biergarten, Gästebetten
Öffnungszeiten: tgl. ab 10.00 Uhr; kein Ruhetag

Schlossbrauerei Schwarzfischer, Oberzeller Straße 1, Zell, Tel. +49 9468-3 25
Ausgezeichnete bayerische Küche, Biere aus eigener Herstellung (seit 1825),
Getränkemarkt, Gästebetten
warme Küche sonntags von 11.00 – 14.00 Uhr, anschließend Brotzeitenkarte
Öffnungszeiten: tgl. ab 10.00 Uhr; Montag Ruhetag (außer Feiertag)

SCHLUSSWORT

Wenn ein Buch erscheint, so steht immer der Autor im Vordergrund. Das ist nicht besonders fair, weil es immer vieler Menschen bedarf, die eine solche Publikation überhaupt erst ermöglichen. Die mitwirkenden Menschen, die mir während der Entstehung des Wanderführers eine Hilfe gewesen sind, sollen hier nun besondere Erwähnung finden.

Der **Battenberg Gietl Verlag** (Herr Roidl, Frau Bonfissuto und Frau Schmidt), der mir die Möglichkeit gab, diesen Wanderführer zu verwirklichen, und für die hervorragende Arbeit und Gestaltung zum Wanderführer.

Ronald Seidl und seiner Familie, die regelmäßig mitwanderten und gute Ideen einbrachten.

Selbstverständlich auch meine Liebsten zuhause – **meine Frau Beate und meine wunderbaren Kinder Sarah, Antonia und Sophia,** die mir immer die Kraft und die Zeit gegeben haben, dieses Buch entstehen zu lassen.

Das Korrekturlesen von **Sigrid Grün, Sarah Kaufhold** und meiner **Schwester Bianca.**

ILE Vorderer Bayerischer Wald sowie alle **11 Bürgermeistern der Vorwald-Gemeinden** für die gute Zusammenarbeit und Unterstützung.

Die **Werbeanzeige-Partner** sowie **Dr. Harald Schumny** für Tipps im Falkensteiner Vorwald.

Ohne euch hätte ich das niemals geschafft, herzlichen Dank.